UNFORGETTABLE URDU SHERS

In English

41 Master Shaayars from the 17th to 19th Century

1000 handpicked Urdu shers in English
Meanings of ALL Urdu words in English

UNFORGETTABLE URDU SHERS

In English

41 Master Shaayars from the 17th to 19th Century

1000 handpicked Urdu shers in English
Meanings of ALL Urdu words in English

SUNIL GUPTA 'MUSTAQIL'

ZORBA BOOKS

ZORBA BOOKS

Published by Zorba Books, May 2024
Website: www.zorbabooks.com
Email: info@zorbabooks.com

Title: **Unforgettable Urdu Shers**
Author Name: Sunil Gupta 'Mustaqil'
Copyright © Sunil Gupta 'Mustaqil'
Softcover ISBN :- 978-93-5896-204-8
Ebook ISBN :- 978-93-5896-505-6

The publisher under the guidance and direction of the author has published the contents in this book, and the publisher takes no responsibility for the contents, its accuracy, completeness, any inconsistencies, or the statements made. The contents of the book do not reflect the opinion of the publisher or the editor. The publisher and editor shall not be liable for any errors, omissions, or the reliability of the contents of the book.

Any perceived slight against any person/s, place or organization is purely unintentional.

Zorba Books Pvt. Ltd. (opc)
Sushant Arcade,
Next to Courtyard Marriot,
Sushant Lok 1, Gurgaon – 122009, India

A1 & A2 Shivalli Industrial Area Manipal Udupi, Karnataka – 576104

FOREWORD

The Urdu language with its rich cultural heritage was born in the Indian subcontinent. Over the course of more than four centuries, it has continued to evolve through a blend of diverse influences. Shaayari is the most popular genre of Urdu writing and masters starting from Quli Qutub Shah in the 16th Century to those of the modern age, have captivated generations with their eloquent verses.

Certain shers or couplets have transcended time, surpassing the fame of their original creators. A compilation of 1,000 such unforgettable shers by 41 master shaayars from the 17th to 19th centuries pays tribute to their enduring impact. This collection, designed for the shaayari enthusiasts unfamiliar with the Urdu script, provides meanings in English for all Urdu words used in the shers. What could be more rewarding than enhancing one's Urdu vocabulary through the captivating world of well-known and memorable shers?

The compilation begins with the remarkable Josh Malihabadi, born at the end of the 19th century. It then traces back in time to the late 17th century stalwarts such as Shaikh Zahuruddin Hatim, Mazhar Mirza Jaan-e-Janaan, Abroo Shah Mubarak, and Wali Muhammad Wali, who are gradually fading into the mists of history.

While Hindi-speaking Indians often use Urdu words in daily conversation, the book acknowledges that non-Hindi speakers may find these common Urdu words unfamiliar. Therefore, it includes meanings for relatively simple as well as difficult Urdu words in English. Readers from all parts of the country, regardless of their first language, can now immerse themselves in unforgettable Urdu shers while simultaneously expanding their Urdu vocabulary!

Sunil Gupta 'Mustaqil'

CONTENTS

JOSH MALIHABADI b 1898 d 1982

Dil kii choton[1] ne kabhii chain[2] se rahne[3] na diyaa
Jab chalii[4] sard[5] havaa[6] main ne tujhe yaad[7] kiyaa

दिल की चोटों ने कभी चैन से रहने न दिया
जब चली सर्द हवा मैं ने तुझे याद किया

Had[8] hai apnii taraf[9] nahiin main bhii
Aur un kii taraf khudaaii[10] hai

हद है अपनी तरफ नहीं मैं भी
और उन की तरफ ख़ुदाई है

Mere rone kaa jis men qissa[11] hai
Umr kaa behtariin[12] hissa hai

मेरे रोने का जिस में क़िस्सा है
उम्र का बेहतरीन हिस्सा है

Ek din kah[13] liijiye jo kuchh[14] hai dil men aap ke
Ek din sun[15] liijiye jo kuchh hamaare dil men hai

एक दिन कह लीजिये जो कुछ है दिल में आप के
एक दिन सुन लीजिये जो कुछ हमारे दिल में है

1	Wounds	2	Comfort/Rest/Repose
3	Exist/Continue to live	4	Proceed/Move
5	Cold	6	Wind
7	Remember	8	Extremity/Utmost point
9	Towards/In one's direction	10	Divinity/Entire creation
11	Tale/Story/Affair	12	Finest/Most excellent
13	Say	14	Whatever
15	Hear		

Tabassum[1] kii sazaa[2] kitnii kadii[3] hai
Gulon[4] ko khil ke[5] murjhaanaa[6] padaa[7] hai

तबस्सुम की सज़ा कितनी कड़ी है
गूलों को खिल के मुरझाना पड़ा है

Kisii kaa ahd-e-javaanii[8] men paarsaa[9] honaa
Qasam khudaa[10] kii ye tauhiin[11] hai javaanii kii

किसी का अहद-ए-जवानी में पारसा होना
क़सम ख़ुदा की ये तौहीन है जवानी की

Insaan[12] ke lahuu[13] ko piyo[14] izn-e-am[15] hai
Anguur[16] kii sharaab[17] kaa piinaa haraam[18] hai

इंसान के लहू को पियो इज़्न-ए-आम है
अंगूर की शराब का पीना हराम है

Subuut[19] hai ye mohabbat[20] kii saada-lauhii[21] kaa
Jab us ne vaada[22] kiyaa ham ne etibaar[23] kiyaa

सुबूत है ये मोहब्बत की सादा-लौही का
जब उस ने वादा किया हम ने एतिबार किया

Is kaa ronaa[24] nahiin kyuun tum ne kiyaa dil barbaad[25]
Is ka gham[26] hai ki bahut der[27] men barbaad kiyaa

इस का रोना नहीं क्यूँ तुम ने किया दिल बर्बाद
इस का ग़म है कि बहुत देर में बर्बाद किया

1	Smile/Blooming of a bud	2	Punishment/Chastisement
3	Tough	4	Flowers
5	After blooming	6	Droop/Wither
7	Forced to	8	Time of youth
9	Chaste/Pure	10	Oath of God!
11	Disgrace/Dishonour	12	Human being
13	Blood	14	Drink/Savour
15	Permission to all	16	Grapes
17	Wine	18	Forbidden/Prohibited
19	Proof/Evidence	20	Romantic love
21	Simplicity/Innocence	22	Promise
23	Belief/Trust	24	Sorrow
25	Ruin/Despoil	26	Grief/Sorrow
27	Excessively delayed		

Ab tak na khabar[1] thii mujhe ujde[2] hue ghar[3] kii
Vo aae[4] to ghar be-sar-o-saamaan[5] nazar aayaa[6]

अब तक न ख़बर थी मुझे उजड़े हुए घर की
वो आए तो घर बे-सर-ओ-सामान नज़र आया

Koii aayaa[7] tirii jhalak[8] dekhii[9]
Koii bolaa[10] sunii[11] tirii aavaaz[12]

कोई आया तिरी झलक देखी
कोई बोला सुनी तिरी आवाज़

Ham gae the[13] us se karne shikva-e-dard-e-firaaq[14]
Muskuraa[15] kar us ne dekhaa sab gila[16] jaataa rahaa

हम गए थे उस से करने शिक़वा-ए-दर्द-ए-फ़िराक़
मुस्कुरा कर उस ने देखा सब ग़िला जाता रहा

Itnaa maanuus[17] huun fitrat[18] se kalii[19] jab chatkii[20]
Jhuk ke[21] main ne ye kahaa[22] mujh se kuchh irshaad[23] kiyaa?

इतना मानूस हूँ फ़ितरत से कली जब चटकी
झुक के मैं ने ये कहा मुझ से कुछ इरशाद किया?

Haan aasmaan[24] apnii bulandii[25] se hoshiyaar[26]
Ab sar uthaa[27] rahe hain kisii aastaan[28] se ham

हाँ आसमान अपनी बुलंदी से होशियार
अब सर उठा रहे हैं किसी आस्तां से हम

1	Awareness	2	Devastated/Ruined
3	House/Dwelling	4	Came
5	Without any house-hold effects	6	Appeared
7	Came	8	Radiance/Glimpse
9	Watched	10	Spoke
11	Heard	12	Voice
13	Went	14	Complaint against the pain of separation
15	Smile	16	Complaint/Grievance
17	Familiar	18	Nature/Disposition
19	Flower bud	20	Cracked/Bloomed
21	Bowing down	22	Said
23	Start a conversation/To say	24	Sky
25	Height/Loftiness	26	Beware/Cautious/Alert
27	Raising one's head	28	Abode/Dwelling

Pahchaan gayaa[1] sailaab[2] hai us ke siine men armaanon[3] kaa
Dekhaa jo safiine[4] ko mere jii[5] chhuut gayaa[6] tuufaanon[7] kaa

पहचान गया सैलाब है उस के सीने में अरमानों का
देखा जो सफ़ीने को मेरे जी छूट गया तूफ़ानों का

Ab ai khudaa inaayat-e-bejaa[8] se faaeda[9]
Maanuus[10] ho chuke hain gham-e-jaavedaan[11] se ham

अब ऐ ख़ुदा इनायत-ए-बेजा से फ़ायदा
मानूस हो चुके हैं ग़म-ए-जावेदान से हम

Allaah re husn-e-dost[12] kii aaiina-daariyaan[13]
Ahl-e-nazar[14] ko naqsh-ba-diivaar[15] kar diyaa

अल्लाह रे हुस्न-ए-दोस्त की आईना-दारियाँ
अहल-ए-नज़र को नक़्श-ब-दीवार कर दिया

Bigaad[16] kar banaae[17] jaa ubhaar[18] kar mitaae[19] jaa
Ki main tiraa charaagh[20] huun jalaae[21] jaa bujhaae[22] jaa

बिगाड़ कर बनाए जा उभार कर मिटाए जा
कि मैं तिरा चराग़ हूँ जलाए जा बुझाए जा

Haan kaun puuchhtaa[23] hai khushii[24] kaa nahufta[25] raaz[26]
Phir gham kaa baar[27] dil pe uthaae[28] hue hain ham

हाँ कौन पूछता है ख़ुशी का नहुफ़्ता राज़
फिर ग़म का बार दिल पे उठाए हुए हैं हम

1	Recognized	2	Flood/Deluge
3	Desires	4	Fleet of boats
5	Courage/Strength	6	Lost
7	Storms	8	Inappropriate or out-of-place kindness
9	Benefit	10	Familiar
11	Eternal grief	12	Beauty of the beloved
13	Mirror-like clarity	14	People of vision/Clear-sighted
15	Motionless like a picture on the wall	16	Deface/Spoil
17	Make/Form	18	Raise/Develop
19	Destroy	20	Lamp
21	Ignite	22	Extinguish
23	Ask	24	Happiness
25	Hidden/Concealed	26	Secret/Mystery
27	Load/Burden	28	Raise

FIRAQ GORAKHPURI b 1896 d 1982

Ek muddat[1] se tirii yaad[2] bhii aaii na hamen
Aur ham bhuul[3] gae hon tujhe aisaa bhii nahiin

एक मुद्दत से तिरी याद भी आई न हमें
और हम भूल गए हों तुझे ऐसा भी नहीं

Bahut[4] pahle[5] se un qadmon[6] kii aahat[7] jaan lete hain
Tujhe ai zindagii[8] ham duur[9] se pahchaan[10] lete hain

बहुत पहले से उन क़दमों की आहट जान लेते हैं
तुझे ऐ ज़िंदगी हम दूर से पहचान लेते हैं

Tum mukhaatib[11] bhii ho qariib[12] bhii ho
Tum ko dekhen[13] ki tum se baat[14] karen

तुम मुख़ातिब भी हो क़रीब भी हो
तुम को देखें कि तुम से बात करें

Gharaz[15] ki kaat diye[16] zindagii[17] ke din ai dost
Vo terii yaad[18] men hon yaa tujhe bhulaane[19] men

ग़रज़ कि काट दिए ज़िंदगी के दिन ऐ दोस्त
वो तेरी याद में हों या तुझे भुलाने में

1	Long time	2	Remembrance
3	Forgot	4	Long
5	Before	6	Foot-steps
7	Slight sound of foot-steps	8	Life/Existence
9	From far	10	Recognize/Identify
11	Face-to-face/Accosting	12	Close
13	To watch	14	Speak to/Converse with
15	Necessity	16	Passed/Spent
17	Life	18	Remembrance
19	To forget		

Aae[1] the hanste[2] khelte[3] mai-khaane[4] men 'firaq'
Jab pii chuke[5] sharaab[6] to sanjiida[7] ho gae
आए थे हँसते खेलते मय-खाने में 'फ़िराक़'
जब पी चुके शराब तो संजीदा हो गए

Ab to un kii yaad[8] bhii aatii nahiin
Kitnii tanhaa[9] ho gaiin tanhaaiyaan[10]
अब तो उन की याद भी आती नहीं
कितनी तन्हा हो गईं तन्हाईयाँ

Raat[11] bhii niind[12] bhii kahaanii[13] bhii
Haae kyaa chiiz[14] hai javaanii[15] bhii
रात भी नींद भी कहानी भी
हाय क्या चीज़ है जवानी भी

Ik umr[16] kat gaii[17] hai tire intizaar[18] men
Aise bhii hain ki kat na sakii jin se ek raat
इक उम्र कट गई है तिरे इन्तिज़ार में
ऐसे भी हैं कि कट न सकी जिन से एक रात

Jo un maasuum[19] aankhon[20] ne diye the
Vo dhoke[21] aaj tak main khaa rahaa huun
जो उन मासूम आँखों ने दिए थे
वो धोके आज तक मैं खा रहा हूँ

1	Came	2	Laughing
3	Playfully	4	Wine tavern
5	After drinking	6	Liquor
7	Serious/Grave/Sober	8	Remembrance
9	Alone/By oneself	10	Solitudes/Periods of loneliness
11	Night	12	Sleep
13	Stories/Tales	14	Article/Thing
15	State of being young	16	Lifetime
17	Elapsed	18	Expecting with impatience
19	Innocent	20	Eyes
21	Deceptions/Delusions		

Kisii kaa[1] yuun to[2] huaa kaun[3] umr bhar[4] phir bhii
Ye husn o ishq[5] to dhokaa[6] hai sab magar[7] phir bhii
किसी का यूं तो हुआ कौन उम्र भर फिर भी
ये हुस्न-ओ-इश्क़ तो धोका है सब मगर फिर भी

Zaraa visaal[8] ke baad aaina[9] to dekh ai dost
Tire jamaal[10] kii doshiizgii[11] nikhar[12] aaii
ज़रा विसाल के बाद आइना तो देख ऐ दोस्त
तिरे जमाल की दोशीज़गी निखरआई

Lahuu[13] vatan[14] ke shahiidon[15] kaa rang laayaa[16] hai
Uchhal[17] rahaa hai zamaane[18] men naam-e-aazaadii[19]
लहू वतन के शहीदों का रंग लाया है
उछल रहा है ज़माने में नाम-ए-आज़ादी

Main muddaton[20] jiyaa huun kisii dost ke baghair[21]
Ab tum bhii saath chhodne[22] ko kah rahe ho khair[23]
मैं मुद्दतों जिया हूँ किसी दोस्त के बग़ैर
अब तुम भी साथ छोड़ने को कह रहे हो ख़ैर

Kuchh na puuchho[24] 'firaq' ahd-e-shabaab[25]
Raat[26] hai niind[27] hai kahaanii[28] hai
कुछ न पूछो 'फ़िराक़' अहद-ए-शबाब
रात है नींद है कहानी है

---

1 Belonging to someone	2 As it were
3 Belonged to whom	4 Life-long
5 Beauty and passionate love	6 Delusion
7 However	8 Sexual union
9 Mirror	10 Beauty and elegance
11 Virginity	12 Clean/Pure
13 Blood	14 Motherland
15 Martyrs	16 Blossom/Flourish
17 Bounce/Hop	18 World/Age
19 Name of freedom	20 Long periods of time
21 Without/In the absence of	22 Leaving one's company
23 It is just as well/No matter	24 Ask/Enquire
25 Age of youth	26 Night
27 Sleep	28 Story/Tale

Kho diyaa[1] tum ko to ham puuchhte[2] phirte hain yahii
Jis kii taqdiir[3] bigad[4] jaae vo kartaa kyaa hai

खो दिया तुम को तो हम पूछते फिरते हैं यही
जिस की तक़दीर बिगड़ जाए वो करता क्या है

Tabiiat[5] apnii ghabraatii[6] hai jab sunsaan[7] raaton[8] men
Ham aise men tirii yaadon[9] kii chaadar[10] taan[11] lete hain

तबीयत अपनी घबराती है जब सुनसान रातों में
हम ऐसे में तिरी यादों की चादर तान लेते हैं

Tujh ko paa kar bhii na kam ho sakii be-taabii-e-dil[12]
Itnaa aasaan[13] tire ishq[14] kaa gham[15] thaa hii nahiin

तुझ को पा कर भी न कम हो सकी बे-ताबी-ए-दिल
इतना आसान तिरे इश्क़ का ग़म था ही नहीं

Saans[16] letii hai vo zamiin[17] 'firaq'
Jis pe vo naaz[18] se guzarte[19] hain

सांस लेती है वो ज़मीन 'फ़िराक़'
जिस पे वो नाज़ से गुज़रते हैं

Dekh raftaar-e-inqalaab[20] 'firaq'
Kitnii aahista[21] aur kitnii tez[22]

देख रफ़्तार-ए-इंक़लाब 'फ़िराक़'
कितनी आहिस्ता और कितनी तेज़

1	Lost	2	Ask around
3	Fortune/Destiny	4	Spoil
5	Nature/Temperament/Disposition	6	Gets anxious and worried
7	Desolate/Uninhabited	8	Nights
9	Remembrances/Recollections	10	Sheet
11	Stretch/Spread	12	Restlessness of the heart
13	Easy	14	Passionate love
15	Sorrow	16	Breaths
17	Earth/Ground	18	Pride/Coquetry
19	Pass	20	Pace of revolution
21	Slow	22	Swift

Tum ise shikva[1] samajh[2] kar kis liye sharmaa[3] gae
Muddaton[4] ke baad dekhaa[5] thaa to aansuu[6] aa gae

तुम इसे शिकवा समझ कर किस लिए शर्मा गए
मुद्दतों के बाद देखा था तो आंसू आ गए

Aane vaalii naslen[7] tum par fakhr[8] karengii ham-asro[9]
Jab bhii un ko dhyaan aaegaa[10] tum ne 'firaq' ko dekhaa hai

आने वाली नस्लें तुम पर फ़ख़्ख़ करेंगी हम-असरो
जब भी उन को ध्यान आएगा तुम ने 'फ़िराक़' को देखा है

Rone ko to zindagii[11] padii hai[12]
Kuchh tere sitam[13] pe muskuraa[14] len

रोने को तो ज़िंदगी पड़ी है
कुछ तेरे सितम पे मुस्कुरा लें

Zabt[15] kiije to dil hai angaaraa[16]
Aur agar roiye[17] to paanii[18] hai

ज़ब्त कीजे तो दिल है अंगारा
और अगर रोइये तो पानी है

Main der tak[19] tujhe khud[20] hii na roktaa[21] lekin
Tuu jis adaa[22] se uthaa[23] hai usii kaa ronaa[24] hai

मैं देर तक तुझे ख़ुद ही न रोकता लेकिन
तू जिस अदा से उठा है उसी का रोना है

---

1 Grievance/Complaint	2 Know/Comprehend
3 Bashful	4 Long periods of time
5 Saw/Espied	6 Tears
7 Generations	8 Something to be proud of
9 Friends/Contemporaries	10 Will realize or contemplate
11 Life	12 Remains/Is left
13 Tyranny/Cruelty	14 Smile
15 Control/Restrain	16 Live coal/Ember
17 Cry/Weep	18 Water
19 For long	20 Myself
21 Stop/Restrain	22 Manner of completion (of task)
23 Arose	24 Grief/Sorrow

Isii khandar[1] men kahiin[2] kuchh[3] diye[4] hain tuute[5] hue
Inhiin se kaam chalaao[6] badii udaas[7] hai raat

इसी ख़ंडर में कहीं कुछ दिए हैं टूटे हुए
इन्हीं से काम चलाओ बड़ी उदास है रात

Jis men ho yaad[8] bhii tirii shaamil[9]
Haae[10] us be-khudii[11] ko kyaa kahiye[12]

जिस में हो याद भी तिरी शामिल
हाय उस बे-ख़ुदी को क्या कहिये

Sar-zamiin-e-hind[13] par aqvaam-e-aalam[14] ke 'firaq'
Qaafile[15] baste gae[16] hindostaan bantaa gayaa[17]

सर-ज़मीन-ए-हिन्द पर अक़्वाम-ए-आलम के 'फ़िराक़'
क़ाफ़िले बस्ते गए हिन्दोस्तान बनता गया

Devtaaon[18] kaa khudaa se hogaa kaam
Aadmii[19] ko aadmii darkaar[20] hai

देवताओं का ख़ुदा से होगा काम
आदमी को आदमी दरकार है

Parda-e-lutf[21] men ye zulm-o-sitam[22] kyaa kahiye[23]
Haae[24] zaalim tiraa andaaz-e-karam[26] kyaa kahiye

पर्दा-ए-लुत्फ़ में ये ज़ुल्म-ओ-सितम क्या कहिये
है ज़ालिम तिरा अंदाज़-ए-करम क्या कहिये

1	Ruins	2	Somewhere
3	Some	4	Lamps
5	Broken	6	Make do
7	Sad/Forlorn	8	Remembrance
9	Including/Comprising/Intrinsic	10	Alas!
11	Not in one's senses/Senselessness	12	What is there to say?!
13	In the land of India	14	Nations of the world
15	Caravans	16	Kept settling
17	Kept getting formed	18	Deities
19	Man/Human	20	Necessary/Required
21	Garb of veil of pleasure	22	Tyranny and oppression
23	What is there to to say!	24	Alas!
25	Tyrant/Oppressor	26	Style of granting favour or kindness

Shakl[1] insaan[2] kii ho chaal[3] bhii insaan kii ho
Yuun bhii[4] aatii hai qayaamat[5] mujhe maaluum[6] na thaa

शक्ल इंसान की हो चाल भी इंसान की हो
यूं भी आती है क़यामत मुझे मालूम न था

Mujh[7] ko maaraa[8] hai har ik[9] dard-o-davaa[10] se pahle[11]
Dii sazaa[12] ishq ne har jurm-o-khataa[13] se pahle

मुझ को मारा है हर इक दर्द-ओ-दवा से पहले
दी सज़ा इश्क़ ने हर जुर्म-ओ-ख़ता से पहले

Asar[14] bhii le rahaa huun terii chup[15] kaa
Tujhe qaail[16] bhii kartaa jaa rahaa huun

असर भी ले रहा हूँ तेरी चुप का
तुझे क़ाइल भी करता जा रहा हूँ

Kamii[17] na kii tire vahshii[18] ne khaak[19] udaane[20] men
Junuun[21] kaa naam uchhaltaa[22] rahaa zamaane[23] men

कमी न की तिरे वहशी ने ख़ाक उड़ाने में
जुनूं का नाम उछलता रहा ज़माने में

Tuu yaad aayaa[24] tire jaur-o-sitam[25] lekin[26] na yaad aae
Mohabbat men ye maasuumii[27] badii mushkil[28] se aatii hai

तू याद आया तिरे जौर-ओ-सितम लेकिन न याद आए
मोहब्बत में ये मासूमी बड़ी मुश्किल से आती है

1	Appearance/Countenance/Face	2	Human
3	Manner of walking	4	In this manner
5	Apocalypse/Resurrection	6	Known/Evident
7	Me/I	8	Destroyed
9	Every	10	Pain and medicine
11	Before	12	Punishment
13	Crime and sin	14	Effect/Impression/Sign
15	Silence	16	Acquiescing/Consenting
17	Deficiency/Paucity	18	Savage/Brute
19	Dust	20	Fly
21	Frenzy/Infatuation	22	Throw up
23	World	24	Came to mind
25	Oppression and tyranny	26	However
27	Innocence	28	Difficulty

MUBARAK AZIMABADI b 1896 d 1959

Terii bakhshish[1] ke bharose[2] pe khataaen[3] kii hain
Terii rahmat[4] ke sahaare[5] ne gunahgaar[6] kiyaa
तेरी बख़्शिश के भरोसे पे ख़ताएँ की हैं
तेरी रहमत के सहारे ने गुनहगार किया

Rahne de apnii bandagii[7] zaahid[8]
Be-mohabbat[9] khudaa nahiin miltaa
रहने दे अपनी बंदगी ज़ाहिद
बे-मोहब्बत ख़ुदा नहीं मिलता

Aap kaa ikhtiyaar[10] hai sab par
Aap par ikhtiyaar kis kaa hai
आप का इख़्तियार है सब पर
आप पर इख़्तियार किस का है

Mehrbaanii[11] chaarasaazon[12] kii badhii[13]
Jab badhaa[14] darmaan[15] to biimaarii[16] badhii
मेहरबानी चारसाज़ों की बढ़ी
जब बढ़ा दरमाँ तो बीमारी बढ़ी

---

1 Pardon/Forgiveness	2 Dependence/Confidence
3 Sins/Crimes	4 Mercy/Kindness
5 Assistance/Support	6 Sinner
7 Adoration/Worship	8 Religious devout
9 Without passionate love	10 Control/Authority
11 Kindness	12 Doctors
13 Increased	14 Increased
15 Cures/Remedies	16 Malady/Ailment

Le chalaa[1] phir mujhe dil yaar-e-dil-aazaar[2] ke paas
Ab ke chhod aauungaa[3] zaalim[4] ko sitamgaar[5] ke paas

ले चला फ़िर मुझे दिल यार-ए-दिल-आज़ार के पास
अब के छोड़ आऊँगा ज़ालिम को सितमगर के पास

Daaman[6] ashkon[7] se tar[8] karen kyuun-kar[9]
Raaz[10] ko mushtahar[11] karen kyuun-kar

दामन अश्कों से तर करें क्यूँ-कर
राज़ को मुश्तहर करें क्यूँ-कर

Ik tirii baat ki jis baat kii tardiid[12] muhaal[13]
Ik miraa khvaab[14] ki jis khvaab kii taabiir[15] nahiin

इक तिरी बात कि जिस बात की तरदीद मुहाल
इक मिरा ख़्वाब कि जिस ख़्वाब की ताबीर नहीं

Kab un aankhon[16] kaa saamnaa[17] na huaa
Tiir[18] jin kaa kabhii khataa[19] na huaa

कब उन आँखों का सामना न हुआ
तीर जिन का कभी ख़ता न हुआ

Jo qayaamat[20] kaa nahin din[21] vo miraa din kaisaa
Jo tadap[22] kar na katii ho[23] vo mirii raat[24] nahiin

जो क़यामत का नहीं दिन वो मिरा दिन कैसा
जो तड़प कर न कटी हो वो मिरी रात नहीं

1	Took	2	Beloved with tormented heart
3	Leave behind	4	Oppressor/Cruel person
5	Tyrant/Oppressor	6	Skirt/Lower part of a garment
7	Tears	8	Soaking wet
9	Why	10	Secret
11	Make public	12	Refutation/Denial
13	Impossible	14	Dream
15	Interpretation	16	Eyes
17	Come face to face	18	Arrow
19	Miss the target	20	Doomsday
21	Day	22	In agony
23	Passed	24	Night

Aane men[1] kabhii[2] aap se jaldii[3] nahiin hotii
Jaane men[4] kabhii aap tavaqquf[5] nahiin karte

आने में कभी आप से जल्दी नहीं होती
जाने में कभी आप तवक़्क़ुफ़ नहीं करते

Kisii se aaj[6] kaa vaada[7] kisii se kal[8] kaa vaada hai
Zamaane[9] ko lagaa rakkhaa[10] hai is ummiid-vaarii[11] men

किसी से आज का वादा किसी से कल का वादा है
ज़माने को लगा रक्खा है इस उम्मीद-वारी में

Kahiin aisaa na ho kam-bakht[12] men jaan aa jaae[13]
Is liye haath men lete mirii tasviir[14] nahiin

कहीं ऐसा न हो कम-बख़्त में जान आ जाए
इस लिए हाथ में लेते मिरी तस्वीर नहीं

Mirii khaak[15] bhii udegii[16] baa-adab[17] tirii galii[18] men
Tire aastaan[19] se uunchaa[20] na miraa ghubaar[21] hogaa

मिरी ख़ाक भी उड़ेगी बा-अदब तिरी गली में
तिरे आस्तां से ऊँचा न मिरा गुबार होगा

Shikast-e-tauba[22] kii tamhiid[23] hai tirii tauba[24]
Zabaan[25] pe tauba 'mubarak' nigaah[26] saaghar[27] par

शिकस्त-ए-तौबा की तम्हीद है तिरी तौबा
ज़बान पे तौबा 'मुबारक' निगाह सागर पर

---

1 While coming	2 Ever
3 Haste/Quickness	4 While going
5 Delay	6 Today
7 Promise	8 Tomorrow
9 World	10 Kept engrossed
11 Candidacy	12 Unfortunate one
13 Come alive	14 Portrait
15 Dust	16 Will rise and fly
17 In a respectful manner	18 Lane
19 Abode	20 Higher
21 Cloud of dust	22 Breaking the oath of penitence
23 Preamble/Introduction/Excuse	24 Penitence/Renunciation
25 Tongue	26 Look/Attention
27 Goblet of wine	

Kisii kii tamannaa[1] nikaltii[2] rahii

Mirii aarzuu[3] haath maltii[4] rahii

किसी की तमन्ना निकलती रही

मिरी आरज़ू हाथ मलती रही

Ye tasarruf[5] hai 'mubarak' daagh[6] kaa

Kyaa se kyaa urdu zabaan[7] hotii gaii

ये तसर्रुफ़ है 'मुबारक' दाग़ का

क्या से क्या उर्दू ज़बान होती गई

Khair[8] saaqii[9] kii salaamat[10] mai-kada[11]

Jis qadar[12] pii utnii hushyaarii[13] badhii

ख़ैर साक़ी की सलामत मये-कदा

जिस क़दर पी उतनी हुश्यारी बढ़ी

Kal to dekhaa thaa 'mubarak' but-kade[14] men aap ko

Aaj hazrat[15] jaa ke masjid[16] men musalmaan[17] ho gae

कल तो देखा था 'मुबारक' बुत-कदे में आप को

आज हज़रत जा के मस्जिद में मुसलमान हो गए

Kuchh is andaaz[18] se sayyaad[19] ne aazaad[20] kiyaa

Jo chale chhut ke[21] qafas[22] se vo giraftaar[23] chale

कुछ इस अंदाज़ से सय्याद ने आज़ाद किया

जो चले छूट के क़फ़स से वो गिरफ़्तार चले

1	Yearning/Desire	2	Emerged
3	Wish/Longing	4	Remained helpless
5	Pen-name	6	The poet Dagh Dehlvi
7	Language	8	Just as well
9	One who serves wine/Sweetheart	10	Secure from danger and harm
11	Wine tavern	12	Extent/Quantity/Amount
13	Wisdom	14	Wine tavern
15	Respected person	16	Mosque
17	Devout Muslim	18	Intention/Manner
19	Hunter	20	Make free/To liberate
21	After release	22	Cage
23	Captivated/Love-struck		

Kyaa kahen[1] kyaa kyaa[2] kiyaa[3] terii nigaahon[4] ne suluuk[5]
Dil men aaiin[6] dil men thahrin[7] dil men paikaan[8] ho gain

क्या कहें क्या क्या किया तेरी निगाहों ने सुलूक
दिल में आईं दिल में ठहरीं दिल में पैकान हो गईं

Asar[9] ho yaa na ho vaaiz[10] bayaan[11] men
Magar[12] chaltii[13] to hai terii zabaan[14] khuub[15]

असर हो या न हो वाइज़ बयान में
मगर चलती तो है तेरी ज़बान खूब

Tum ko samjhaae[16] 'mubarak' koii kyuunkar[17] afsos[18]
Tum to rone[19] lage yaar aur bhii[20] samjhaane[21] se

तुम को समझाए 'मुबारक' कोई क्यूँकर अफ़सोस
तुम तो रोने लगे यार और भी समझाने से

Jo un ko chaahiye[22] vo kiye jaa rahe hain vo
Jo mujh ko chaahiye vo kiye jaa rahaa huun main

जो उन को चाहिए वो किये जा रहे हैं वो
जो मुझ को चाहिए वो किये जा रहा हूँ मैं

Is bharii[23] mahfil[24] men ham se daavar-e-mahshar[25] na puuchh[26]
Ham kahenge tujh se apnii daastaan[27] sab se alag[28]

इस भरी महफ़िल में हम से दावर-ए-महशर न पूछ
हम कहेंगे तुझ से अपनी दास्ताँ सब से अलग

1	Say	2	What all
3	Did	4	Looks/Glances
5	Behaviour or conduct towards someone	6	Arrived
7	Stayed	8	Wounded with the tip of an arrow
9	Effect/Impact/Impression	10	Preacher
11	Oratory/Narration	12	However/But
13	Moves briskly	14	Tongue
15	Excellently/Beautifully	16	Explain
17	Why	18	Regret
19	Weep/Cry	20	Even more
21	By explaining	22	Wants/Desires
23	Full	24	Assembly
25	Judge presiding on the Judgement Day	26	Ask/Enquire
27	Tale/Story	28	Distinct/Unique

Bikhrii[1] huii hai yuun mirii vahshat[2] kii daastaan[3]
Daaman[4] kidhar[5] kidhar hai girebaan[6] kahaan[7] kahaan

बिख़री हुई है यूं मिरी वहशत की दास्ताँ
दामन किधर किधर है गिरेबान कहाँ कहाँ

Udhar[8] chutkii[9] vo dil men le rahe hain[10]
Idhar[11] ik gudgudii[12] sii ho rahii hai

उधर चुटकी वो दिल में ले रहे हैं
इधर इक गुदगुदी सी हो रही है

Jabiin[13] par khaak[14] hai ye kis ke dar[15] kii
Balaaen[16] le rahaa[17] huun apne sar[18] kii

जबीन पर ख़ाक है ये किस के दर की
बलाएं ले रहा हूँ अपने सर की

Jaan-nisaaraan-e-mohabbat[19] men na ho apnaa shumaar[20]
Imtihaan[21] is liye zaalim[22] ne hamaaraa na kiyaa[23]

जान-निसारां-ए-मोहब्बत में न हो अपना शुमार
इम्तिहान इस लिए ज़ालिम ने हमारा न किया

Aaina[24] saamne[25] ab aath pahar[26] rahtaa hai
Kahiin aisaa na ho ye madd-e-muqaabil[27] ho jaae

आइना सामने अब आठ पहर रहता है
कहीं ऐसा न हो ये मद्द-ए-मुक़ाबिल हो जाए

1	Spread around	2	Frenzy of love
3	Story/Tale	4	Skirt/Lower part of the garment
5	Where	6	Collar
7	Where	8	There
9	Pinch	10	Taking
11	Here	12	Tickling/Titillating
13	Forehead	14	Dust
15	Doorway	16	Misfortunes/Calamities
17	Obtaining	18	On my head
19	Those offering their lives in love	20	Being counted
21	Trial/Exam	22	Tyrant/Cruel person
23	Did	24	Mirror
25	In front of	26	All day
27	Adversary/Rival/Antagonist		

JIGAR MORADABADI b 1890 d 1960

Ham ko mitaa[1] sake ye zamaane[2] men dam[3] nahiin
Ham se zamaana khud hai zamaane se ham nahiin

हम को मिटा सके ये ज़माने में दम नहीं
हम से ज़माना ख़ुद है ज़माने से हम नहीं

Dil men kisii ke raah[4] kiye jaa rahaa huun main
Kitnaa hasiin[5] gunaah[6] kiye jaa rahaa huun main

दिल में किसी के राह किये जा रहा हूँ मैं
कितना हसीं गुनाह किये जा रहा हूँ मैं

Ye ishq[7] nahin aasaan[8] itnaa hii samajh liije
Ik aag kaa dariyaa[9] hai aur duub[10] ke jaanaa hai

ये इश्क़ नहीं आसां इतना ही समझ लीजे
इक आग़ का दरिया है और डूब के जाना है

Ham ne siine[11] se lagaayaa dil[12] na apnaa[13] ban sakaa
Muskuraa[14] kar tum ne dekhaa dil tumhaaraa[15] ho gayaa

हम ने सीने से लगाया दिल न अपना बन सका
मुस्कुरा कर तुम ने देखा दिल तुम्हारा हो गया

1	Destroy/Annihilate	2	Time/Age
3	Courage	4	Passage/Means of access
5	Beautiful	6	Crime/Sin
7	Passionate love	8	Easy
9	Sea/Big river	10	Drown
11	Chest	12	Heart
13	Mine	14	Smile
15	Yours		

Terii aankhon kaa kuchh qusuur[1] nahiin
Haan mujhii[2] ko kharaab[3] honaa thaa

तेरी आँखों का कुछ कुसूर नहीं
हाँ मुझी को ख़राब होना था

Un kaa jo farz[4] hai vo ahl-e-siyaasat[5] jaanen
Meraa paighaam[6] mohabbat[7] hai jahaan tak pahunche

उन का जो फ़र्ज़ है वो अहल-ए-सियासत जानें
मेरा पैग़ाम मोहब्बत है जहां तक पहुंचे

Tire jamaal[8] kii tasviir[9] khiinch[10] duun lekin
Zabaan[11] men aankh[12] nahiin aankh men zabaan nahiin

तिरे जमाल की तस्वीर खींच दूँ लेकिन
ज़बान में आँख नहीं आँख में ज़बान नहीं

Itne hijaabon[13] par to ye aalam[14] hai husn[15] kaa
Kyaa haal[16] ho jo dekh len parda[17] uthaa ke ham

इतने हिजाबों पर तो ये आलम है हुस्न का
क्या हाल हो जो देख लें पर्दा उठा के हम

Aa ki tujh bin is tarah ai dost ghabraataa[18] huun main
Jaise har shai[19] men kisii shai kii kamii[20] paataa huun main

आ कि तुझ बिन इस तरह ऐ दोस्त घबराता हूँ गैं
जैसे हर शै में किसी शै की कमी पाता हूँ मैं

1	Shortcoming/Deficiency	2	I myself
3	Contaminated/Bad	4	Obligatory duty
5	People of politics/Politicians	6	Message
7	Love and affection	8	Beauty and elegance
9	Portrait	10	Draw
11	Tongue	12	Eye
13	Veils	14	Condition/State of affairs
15	Beauty	16	Condition
17	Veil	18	Worrying
19	Object	20	Deficiency

Aaghaaz-e-mohabbat[1] kaa anjaam[2] bas itnaa hai
Jab dil men tamannaa[3] thii ab dil hii tamannaa hai

आग़ाज़-ए-मोहब्बत का अंजाम बस इतना है
जब दिल में तमन्ना थी अब दिल ही तमन्ना है

Yuun zindagii[4] guzaar[5] rahaa huun tire baghair[6]
Jaise koii gunaah[7] kiye jaa rahaa huun main

यूं ज़िंदगी गुज़ार रहा हूँ तिरे बग़ैर
जैसे कोई गुनाह किये जा रहा हूँ मैं

Yaa vo the khafaa[8] ham se yaa ham hain khafaa un se
Kal un kaa zamaana[9] thaa aaj apnaa zamaanaa hai

या वो थे ख़फ़ा हम से या हम हैं ख़फ़ा उन से
कल उन का ज़माना था आज अपना ज़माना है

Mirii zindagii to guzrii[10] tire hijr[11] ke sahaare
Mirii maut[12] ko bhii pyaare koii chaahiye[13] bahaana[14]

मिरी ज़िंदगी तो गुज़री तिरे हिज्र के सहारे
मिरी मौत को भी प्यारे कोई चाहिए बहाना

Hasiin[15] terii aankhen[16] hasiin tere aansuu[17]
Yahiin duub[18] jaane ko jii[19] chaahtaa hai

हसीं तेरी आँखें हसीं तेरे आंसू
यहीं डूब जाने को जी चाहता है

1	Beginning of love	2	Consequence/Upshot/Conclusion
3	Yearning/Desire	4	Existence
5	Passing	6	Without
7	Crime/Sin	8	Displeased/Offended
9	Age/Time	10	Spent
11	Separation	12	Death
13	Requires	14	Excuse/Pretext
15	Beautiful	16	Eyes
17	Tears	18	Drown
19	Heart		

Duniyaa[1] ke sitam[2] yaad[3] na apnii hii vafaa[4] yaad
Ab mujh ko nahiin kuchh bhii mohabbat[5] ke sivaa[6] yaad

दुनिया के सितम याद न अपनी ही वफ़ा याद
अब मुझ को नहीं कुछ भी मोहब्बत के सिवा याद

Pahle sharaab[7] ziist[8] thii ab ziist hai sharaab
Koii pilaa rahaa hai piye jaa rahaa huun main

पहले शराब ज़ीस्त थी अब ज़ीस्त है शराब
कोई पिला रहा है पिए जा रहा हूँ मैं

Aadat[9] ke baad dard[10] bhii dene lagaa mazaa[11]
Hans[12] hans ke aah[13] aah kiye jaa rahaa huun main

आदत के बाद दर्द भी देने लगा मज़ा
हँस हँस के आह आह किये जा रहा हूँ मैं

Donon[14] haathon[15] se luuttii[16] hai hamen
Kitnii zaalim[17] hai terii angdaaii[18]

दोनों हाथों से लूटती है हमें
कितनी ज़ालिम है तेरी अंगड़ाई

Aatish-e-ishq[19] vo jahannam[20] hai
Jis men firdaus[21] ke nazaare[22] hain

आतिश-ए-इश्क़ वो जहन्नम है
जिस में फिरदौस के नज़ारे हैं

1	World	2	Tyranny/Injustice
3	Remember	4	Keeping one's promise
5	Love	6	Except
7	Liquor	8	Life/Existence
9	Getting habituated	10	Pain
11	Joy	12	Laugh
13	Expression of sorrow	14	Both
15	Arms	16	Looted/Plundered
17	Tyrant/Oppressor	18	Stretching of limbs out of langour
19	Fire of love	20	Hell
21	Paradise	22	Panorama/Spectacle

Kuchh khataktaa[1] to hai pahluu[2] men mire rah rah kar[3]
Ab khudaa jaane tirii yaad[4] hai yaa dil meraa

कुछ खटकता तो है पहलू में मिरे रह रह कर
अब ख़ुदा जाने तिरी याद है या दिल मेरा

Us ne apnaa banaa ke[5] chhod[6] diyaa
Kyaa asiirii[7] hai kyaa rihaaii[8] hai

उस ने अपना बना के छोड़ दिया
क्या असीरी है क्या रिहाई है

Merii nigaah-e-shauq[9] bhii kuchh kam[10] nahiin magar[11]
Phir bhii tiraa shabaab[12] tiraa hii shabaab hai

मेरी निगाह-ए-शौक़ भी कुछ कम नहीं मगर
फिर भी तिरा शबाब तिरा ही शबाब है

Ibtidaa[13] vo thii ki jiinaa[14] thaa mohabbat[15] men muhaal[16]
Intihaa[17] ye hai ki ab marnaa bhii mushkil[18] ho gayaa

इब्तिदा वो थी कि जीना था मोहब्बत में मुहाल
इंतिहा ये है कि अब मरना भी मुश्किल हो गया

Dil hai qadmon[19] par kisii ke sar[20] jhukaa[21] ho yaa na ho
Bandagii[22] to apnii fitrat[23] hai khudaa ho yaa na ho

दिल है क़दमों पर किसी के सर झुका हो या न हो
बंदगी तो अपनी फ़ितरत है ख़ुदा हो या न हो

1	Raises suspicion	2	Side or flank of the body
3	Continuously/Off and on	4	Memory/Remembrance
5	Made one's own	6	Left/Abandoned
7	Captivity/Imprisonment	8	Release/Discharge
9	Glance of love	10	Deficient
11	However	12	Youthfulness
13	Inception/Beginning	14	Living
15	Love	16	Tough
17	Extreme limit/End	18	Difficult
19	Feet	20	Head
21	Bowed	22	Adoration/Worship
23	Nature		

Bahut hasiin[1] sahii[2] sohbaten[3] gulon[4] kii magar[5]
Vo zindagii[6] hai jo kaanton[7] ke darmiyaan[8] guzre[9]
बहुत हसीं सही सोहबतें गुलों की मगर
वो ज़िंदगी है जो काँटों के दरमियाँ गुज़रे

Haae re majbuuriyaan[10] mahruumiyaan[11] naakaamiyaan[12]
Ishq[13] aakhir[14] ishq hai tum kyaa karo ham kyaa karen
हाय रे मजबूरियां महरूमियां नाकामियां
इश्क़ आख़िर इश्क़ है तुम क्या करो हम क्या करें

Sunaa hai hashr[15] men har aankh[16] use be-parda[17] dekhegii
Mujhe dar hai na tauhiin-e-jamaal-e-yaar[18] ho jaae
सुना है हश्र में हर आँख उसे बे-पर्दा देखेगी
मुझे डर है न तौहीन-ए-जमाल-ए-यार हो जाए

Na gharaz[19] kisii se na vaasta[20] mujhe kaam apne hii kaam se
Tire zikr[21] se tirii fikr[22] se tirii yaad[23] se tire naam se
न ग़रज़ किसी से न वास्ता मुझे काम अपने ही काम से
तिरे ज़िक्र से तिरी फ़िक्र से तिरी याद से तिरे नाम से

Zindagii[24] ik haadsa[25] hai aur kaisaa haadsa
Maut[26] se bhii khatm[27] jis kaa silsila[28] hotaa nahiin
ज़िंदगी इक हादसा है और कैसा हादसा
मौत से भी ख़त्म जिस का सिलसिला होता नहीं

1	Beautiful	2	Very well
3	Company/Association	4	Flowers
5	However	6	Life
7	Thorns	8	Through
9	Passes	10	Compulsions/Powerlessness
11	Deprivation	12	Failures
13	Pasionate love	14	Ultimately
15	Doomsday	16	Eye
17	Without a veil	18	Insult of beauty of beloved
19	Concern	20	Connection/Relation
21	Mention	22	Worry/Concern/Solicitude
23	Memory	24	Life/Existence
25	Accident	26	Death
27	End/Conclude	28	Sequence of events

Kidhar se barq[1] chamaktii[2] hai dekhen ai vaaiz[3]
Main apnaa jaam[4] uthaataa huun tuu kitaab[5] uthaa

किधर से बर्क़ चमकती है देखें ऐ वाइज़
मैं अपना जाम उठाता हूँ तू किताब उठा

Kabhii un mad-bharii[6] aankhon[7] se piyaa[8] thaa ik jaam[9]
Aaj tak hosh[10] nahiin hosh nahiin hosh nahiin

कभी उन मद-भारी आँखों से पिया था इक जाम
आज तक होश नहीं होश नहीं होश नहीं

Usii ko kahte hain jannat[11] usii ko dozakh[12] bhii
Vo zindagii[13] jo hasiinon[14] ke darmiyaan[15] guzre[16]

उसी को कहते हैं जन्नत उसी को दोज़ख़ भी
वो ज़िंदगी जो हसीनों के दरमियाँ गुज़रे

Hamiin jab na honge to kyaa rang-e-mahfil[17]
Kise dekh kar aap sharmaaiyegaa[18]

हमीं जब न होंगे तो क्या रंग-ए-महफ़िल
किसे देख कर आप शर्माइएगा

Dard o gham[19] dil kii tabiiat[20] ban gae
Ab yahaan aaraam[21] hii aaraam hai

दर्द ओ ग़म दिल की तबीयत बन गए
अब यहां आराम ही आराम है

---

1 Lightning	2 Glitters/Shines
3 Preacher	4 Goblet of wine
5 Book	6 Intoxicated/Lust-filled
7 Eyes	8 Drank
9 Goblet of wine	10 Senses
11 Paradise	12 Hell
13 Life/Existence	14 Beauties
15 Through the midst of	16 Pass
17 Mood of the gathering	18 Feel bashful
19 Pain and grief	20 Nature/Intrinsic quality
21 Comfort/Relief	

Ham ishq[1] ke maaron[2] kaa itnaa hii fasaanaa[3] hai
Rone[4] ko nahiin koii hansne[5] ko zamaanaa[6] hai

हम इश्क़ के मारों का इतना ही फ़साना है
रोने को नहीं कोई हंसने को ज़माना है

Jahl-e-khirad[7] ne din ye dikhaae
Ghat[8] gae insaan[9] badh[10] gae saae[11]

जहल-ए-ख़िरद ने दिन ये दिखाए
घट गए इंसान बढ़ गए साए

Sabaa[12] ye un se hamaaraa payaam[13] kah denaa
Gae ho jab se yahaan[14] subh-o-shaam[15] hii na huii

सबा ये उन से हमारा पयाम कह देना
गए हो जब से यहां सुबह-ओ-शाम ही न हुई

Sab ko maaraa[16] 'jigar' ke sheron[17] ne
Aur 'jigar' ko sharaab[18] ne maaraa

सब को मारा 'जिगर' के शे'रोन ने
और 'जिगर' को शराब ने मारा

Kuchh is adaa[19] se aaj vo pahluu-nashiin[20] rahe
Jab tak hamaare paas rahe ham nahiin rahe

कुछ इस अदा से आज तो पहलू-नशीन रहे
जब तक हमारे पास रहे हम नहीं रहे

1	Passionate love	2	Afflicted
3	Tale/Story	4	Weep/Cry
5	Laugh	6	World
7	Foolishness	8	Reduce
9	Humans	10	Increase
11	Shadows	12	Breeze
13	Message	14	Here
15	Morning and night	16	Struck down/Smitten
17	Couplets	18	Liquor
19	Manner/Perfection	20	Sitting by the side

Idhar[1] se bhii hai sivaa[2] kuchh udhar[3] kii majbuurii[4]
Ki ham ne aah[5] to kii un se aah bhii na huii

इधर से भी है सिवा कुछ उधर की मजबूरी
कि हम ने आह तो की उन से आह भी न हुई

Dil ko sukuun[6] ruuh[7] ko aaraam[8] aa gayaa
Maut[9] aa gaii ki dost kaa paighaam[10] aa gayaa

दिल को सुकून रूह को आराम आ गया
मौत आ गई कि दोस्त का पैग़ाम आ गया

Aankhon[11] men bas ke[12] dil men samaa[13] kar chale gae
Khvaabiida[14] zindagii[15] thii jagaa[16] kar chale gae

आँखों में बस के दिल में समा कर चले गए
ख़्वाबीदा ज़िंदगी थी जगा कर चले गए

Mohabbat[17] men ik aisaa vaqt[18] bhii dil par guzartaa[19] hai
Ki aansuu[20] khushk[21] ho jaate hain tughyaanii[22] nahiin jaatii

मोहब्बत में इक ऐसा वक़्त भी दिल पर गुज़रता है
कि आंसू खुश्क हो जाते हैं तुग़यानी नहीं जाती

Le ke khat[23] un kaa kiyaa zabt[24] bahut kuchh lekin
Thartharaate[25] hue haathon ne bharam[26] khol diyaa

ले के ख़त उन का किया ज़ब्त बहुत कुछ लेकिन
थरथराते हुए हाथों ने भरम खोल दिया

1	Here	2	Except/Besides
3	There	4	Helplessness/Compulsion
5	Words of sorrow and pain	6	Life
7	Calmness/Tranquility	8	Soul
9	Death	10	Message
11	Eyes	12	To stay
13	Settle down	14	Asleep
15	Life/Existence	16	To awaken
17	Passionate love	18	Time
19	Passes	20	Tears
21	Dry up	22	River in flood/Inundation
23	Letter	24	Restrained/Controlled
25	Shivering	26	Doubt/Suspicion

QAMAR JALALVI b 1887 d 1968

Zaraa[1] ruuth[2] jaane pe itnii khushaamad[3]
'Qamar' tum bigaadoge[4] aadat[5] kisii kii

ज़रा रूठ जाने पे इतनी ख़ुशामद
'क़मर' तुम बिगाड़ोगे आदत किसी की

Zabt[6] kartaa huun to ghuttaa[7] hai qafas[8] men miraa dam[9]
Aah kartaa huun to sayyaad[10] khafaa[11] hotaa hai

ज़ब्त करता हूँ तो घुटता है क़फ़स में मिरा दम
आह करता हूँ तो सय्याद ख़फ़ा होता है

Kabhii kahaa na kisii se tire fasaane[12] ko
Na jaane kaise khabar[13] ho gaii zamaane ko

कभी कहा न किसी से तिरे फ़साने को
न जाने कैसे ख़बर हो गई ज़माने को

Aaen hain vo mazaar[14] pe ghuunghat[15] utaar ke
Mujh se nasiib[16] achchhe hai mere mazaar ke

आएं हैं वो मज़ार पे घूँघट उतार के
मुझ से नसीब अच्छे हैं मेरे मज़ार के

---

1 Slight/A little	2 Angry
3 Sychophancy/Flattery	4 Spoil
5 Habit	6 Restraint/Self-control
7 Suffocating	8 Cage
9 Breath	10 Hunter/One who captivates
11 Offended	12 Story
13 Knowledge/Awareness	14 Tomb
15 Veil for covering the face	16 Fortune

Dabaa[1] ke qabr[2] men sab chal diye duaa[3] na salaam[4]
Zaraa[5] sii der[6] men kyaa ho gayaa zamaane[7] ko

दबा के क़ब्र में सब चल दिए दुआ न सलाम
ज़रा सी देर में क्या हो गया ज़माने को

'Qamar' zaraa bhii nahiin tum ko khauf-e-rusvaaii[8]
Chale ho chaandnii[9] shab[10] men unhen bulaane[11] ko

'क़मर' ज़रा भी नहीं तुम को ख़ौफ़-ए-रुसवाई
चले हो चांदनी शब् में उन्हें बुलाने को

Surme[12] kaa til[13] banaa ke rukh-e-laa-javaab[14] men
Nuqta[15] badhaa[16] rahe ho khudaa kii kitaab[17] men

सुरमे का तिल बना के रुख़-ए-ला-जवाब में
नुक़्ता बढ़ा रहे हो ख़ुदा की किताब में

'Qamar' kisii se bhii dil kaa ilaaj[18] ho na sakaa
Ham apnaa daagh[19] dikhaate[20] rahe zamaane[21] ko

'क़मर' किसी से भी दिल का इलाज हो न सका
हम अपना दाग़ दिखाते रहे ज़माने को

Nasheman[22] khaak[23] hone se vo sadma[24] dil ko pahunchaa hai
Ki ab ham se koii bhii raushnii[25] dekhii nahiin jaatii

नशेमन ख़ाक होने से वो सदमा दिल को पहुंचा है
कि अब हम से कोई भी रौशनी देखी नहीं जाती

1	Press down	2	Grave/Tomb
3	Blessing	4	Greeting
5	A little	6	Interval of time
7	Time/Age	8	Fear of ignominy and disgrace
9	Moon-lit	10	Night
11	To call/Invite	12	Kohl/Powder for applying to the eyes
13	Mole or black spot	14	Face which leaves one speechless
15	Diacritical point or dot	16	To add
17	Book	18	Medical treatment
19	Wound that has not healed	20	Show/Reveal
21	Time/Age	22	Nest/Resting place
23	Ashes	24	Shock/Injury
25	Brightness		

Gunaah[1] gin[2] ke main kyuun apne dil ko chhotaa[3] karuun
Sunaa hai tere karam[4] kaa koii hisaab[5] nahiin

गुनाह गिन के मैं क्यूँ अपने दिल को छोटा करूँ
सुना है तेरे करम का कोई हिसाब नहीं

Sabr[6] karnaa sakht[7] mushkil[8] hai tadapnaa[9] sahl[10] hai
Apne bas[11] kaa kaam kar letaa huun aasaan dekh kar

सब्र करना सख़्त मुश्किल है तड़पना सहल है
अपने बस का काम कर लेता हूँ आसान देख कर

Dard[12] ho to davaa[13] bhii mumkin[14] hai
Vahm[15] kii kyaa davaa kare koi

दर्द हो तो दवा भी मुमकिन है
वहम की क्या दवा करे कोई

Na diin[16] ke hue mohsin[17] ham aur na duniyaa ke
Buton[18] se ham na mile aur hamen khudaa na milaa

न दीन के हुए मोहसिन हम और न दुनिया के
बुतों से हम न मिले और हमें ख़ुदा न मिला

Shukriya[19] ai qabr[20] tak pahunchaane[21] vaalo shukriya
Ab akele[22] hii chale jaaenge[23] is manzil[24] se ham

शुक्रिया ऐ क़ब्र तक पहुंचाने वालो शुक्रिया
अब अकेले ही चले जाएंगे इस मंज़िल से हम

---

1 Sins	2 Count
3 Small	4 Kindness
5 Account (Count)	6 Endurance/Forbearance
7 Extremely	8 Difficult
9 Agonize/ To be dying for	10 Easy
11 Capability	12 Pain
13 Medicine	14 Possible
15 Delusion	16 Religion/Faith
17 Benefactor/Patron	18 Idols/Beloved ones
19 Thanks/Gratitude	20 Tomb/Grave
21 To bring	22 Alone
23 Will go	24 Residence

SEEMAB AKBARABADI b 1880 d 1951

Umr-e-daraaz[1] maang ke laaii thii chaar din
Do aarzuu[2] men kat gae do intizaar[3] men

उम्र-ए-दराज़ मांग के लाई थी चार दिन
दो आरज़ू में कट गए दो इन्तिज़ार में

Dil kii bisaat[4] kyaa thii nigaah-e-jamaal[5] men
Ik aaiina[6] thaa tut gayaa dekh-bhaal[7] men

दिल की बिसात क्या थी निगाह-ए-जमाल में
इक आईना था टूट गया देख-भाल में

Roz[8] kahtaa huun ki ab un ko na dekhuungaa kabhii
Roz us kuuche[9] men ik kaam nikal aataa[10] hai

रोज़ कहता हूँ कि अब उन को न देखूँगा कभी
रोज़ उस कूचे में इक काम निकल आता है

Tujhe daanista[11] mahfil[12] men jo dekhaa ho to mujrim[13] huun
Nazar[14] aakhir[15] nazar hai be-iraada[16] uth gaii hogii

तुझे दानिस्ता महफ़िल में जो देखा हो तो मुजरिम हूँ
नज़र आख़िर नज़र है बे-इरादा उठ गई होगी

1	Duration or length of life	2	Desire or yearning
3	Awaiting with anxiety	4	Capacity or power
5	Aesthetic glance or look	6	Mirror
7	Looking after	8	Daily
9	Lover's lane	10	Emerges
11	Knowingly or deliberately	12	Assembly
13	Culprit or offender	14	Look or glance
15	Ultimately	16	Without intention

Pareshaan[1] hone vaalon ko sukuun[2] kuchh mil bhii jaataa hai
Pareshaan karne vaalon kii pareshaanii[3] nahiin jaatii

परेशान होने वालों को सुकून कुछ मिल भी जाता है
परेशान करने वालों की परेशानी नहीं जाती

Mirii khaamoshiyon[4] par duniyaa[5] mujh ko taan[6] detii hai
Ye kyaa jaane ki chup rah kar bhii kii jaatii hain taqriiren[7]

मिरी ख़ामोशियों पर दुनिया मुझ को तान देती है
ये क्या जाने कि चुप रह कर भी की जाती हैं तक़रीरें

Gham[8] mujhe hasrat[9] mujhe vahshat[10] mujhe saudaa[11] mujhe
Ek dil de kar khudaa ne de diyaa kyaa kyaa mujhe

ग़म मुझे हसरत मुझे वहशत मुझे सौदा मुझे
एक दिल दे कर ख़ुदा ने दे दिया क्या क्या मुझे

Kyaa dhuundhne jaauun main kisii ko
Apnaa mujhe khud pataa nahiin hai

क्या ढूँढने जाऊं मैं किसी को
अपना मुझे ख़ुद पता नहीं है

Khuluus-e-dil[12] se sajda[13] ho to us sajde kaa kyaa kahnaa
Vahiin kaaba[14] sarak aayaa[15] jabiin[16] ham ne jahaan rakh dii

खुलूस-ए-दिल से सजदा हो तो उस सजदे का क्या कहना
वहीं काबा सरक आया जबीन हम ने जहां रख दी

1	State of being worried	2	Peace or calmness
3	Distress or anxiety	4	Silences
5	World	6	Taunt
7	Speech	8	Sorrow
9	Unfulfilled desire	10	Frenzy
11	Madness	12	Purity of heart
13	Forehead touching the ground in prayer	14	Mosque
15	Shifted	16	Forehead

Husn[1] men jab naaz[2] shaamil[3] ho gayaa
Ek paidaa[4] aur qaatil[5] ho gayaa

हुस्न में जब नाज़ शामिल हो गया
एक पैदा और क़ातिल हो गया

Rang[6] bharte hain vafaa[7] kaa jo tasavvur[8] men tire
Tujh se achchhii tirii tasviir[9] banaa lete hain

रंग भरते हैं वफ़ा का तसव्वुर में तिरे
तुझ से अच्छी तिरी तस्वीर बना लेते हैं

Khudaa aur naakhudaa[10] mil kar dubo den[11] ye to mumkin[12] hai
Merii vajh-e-tabaahii[13] sirf[14] tuufaan[15] ho nahiin saktaa

ख़ुदा और नाख़ुदा मिल कर डुबो दें ये तो मुमकिन है
मेरी वजह-ए-तबाही सिर्फ तूफ़ान हो नहीं सकता

Taajjub[16] kyaa lagii jo aag ai 'simab' siine men
Hazaaron[17] dil men angaare[18] bhare the lag gaii hogii

ताज्जुब क्या लगी जो आग ऐ 'सीमाब' सीने में
हज़ारों दिल में अंगारे भरे थे लग गई होगी

Ye sharaab-e-ishq[19] ai 'simab' hai piine kii chiiz[20]
Tund[21] bhii hai bad-maza[22] bhii hai magar iksiir[23] hai

ये शराब-ए-इश्क़ ऐ 'सीमाब' है पीने की चीज़
तुण्ड भी है बद-मज़ा भी है मगर इक्सीर है

1	Beauty	2	Coquetry
3	Get incorporated or comprised	4	Be born
5	Murderer/Beloved	6	Colours
7	Temperament for keeping one's promise	8	Imagination or contemplation
9	Portrait	10	Boatman
11	Cause to drown or sink	12	Possible
13	Reason for getting drowned or destroyed	14	Only
15	Tempest	16	Surprise/Astonishment
17	Numbering in the thousands	18	Sparks/Live coals
19	Wine of all-consuming love	20	Thing or commodity
21	Acrid or pungent	22	Unpleasant
23	Elixir or panacea		

FANI BADAYUNI b 1879 d 1941

Har nafas[1] umr-e-guzishta[2] kii hai mayyat[3] 'fani'

Zindagii[4] naam hai mar mar ke jiye jaane kaa

हर नफ़स उम्र-ए-गुज़िश्ता की है मय्यत 'फनी'

ज़िंदगी नाम है मर मर के जिए जाने का

Aate hain ayaadat[5] ko to karte hain nasiihat[6]

Ahbaab[7] se ghamkhvaar[8] huaa bhii nahiin jaataa

आते हैं अयादत को तो करते हैं नसीहत

अहबाब से ग़मख़्वार हुआ भी नहीं जाता

Na ibtidaa[9] kii khabar[10] hai na intihaa[11] maaluum[12]

Rahaa ye vahm[13] ki ham hain so vo bhii kyaa maaluum

न इब्तिदा की ख़बर है न इंतिहा मालूम

रहा ये वहम कि हम हैं सो वो भी क्या मालूम

Kuchh katii[14] himmat-e-savaal[15] men umr[16]

Kuchh umiid-e-javaab[17] men guzrii[18]

कुछ कटी हिम्मत-ए-सवाल में उम्र

कुछ उम्मीद-ए-जवाब में गुज़री

1	Breath	2	Past life
3	Dead body	4	Existence
5	Enquire about a patient's health	6	Admonition/Reprimand
7	Friend	8	Sympathizer/Consoler
9	Origin/Inception	10	Knowledge
11	Termination/Completion	12	Known
13	Delusion	14	Spent
15	Courage to ask	16	Life
17	Hope for a reply	18	Spent

ALLAMA IQBAL b 1877 d 1938

Khudii[1] ko kar buland[2] itnaa ki har taqdiir[3] se pahle
Khudaa bande[4] se khud puuchhe bataa terii razaa[5] kyaa hai
ख़ुदी को कर बुलंद इतना कि हर तक़दीर से पहले
ख़ुदा बन्दे से ख़ुद पूछे बता तेरी रज़ा क्या है

Sitaaron[6] se aage jahaan[7] aur bhii hain
Abhii[8] ishq[9] ke imtihaan[10] aur bhii hain
सितारों से आगे जहां और भी हैं
अभी इश्क़ के इम्तिहान और भी हैं

Maanaa ki terii diid[11] ke qaabil[12] nahiin huun main
Tuu meraa shauq[13] dekh miraa intizaar[14] dekh
माना कि तेरी दीद के क़ाबिल नहीं हूँ मैं
तू मेरा शौक़ देख मिरा इन्तिज़ार देख

Nasha[15] pilaa ke giraanaa[16] to sab ko aataa hai
Mazaa to tab hai ki girton ko thaam[17] le saaqii[18]
नशा पीला के गिराना तो सब को आता है
मज़ा तो तब है कि गिरतों को थाम ले साक़ी

---

1 Self-esteem	2 Elevated/Lofty
3 Destiny/Fate	4 Man
5 Desire/Wish	6 Stars
7 Worlds	8 At the present moment
9 All-consuming love	10 Trials/Tests
11 Seeing	12 Capable/Eligible
13 Yearning	14 Expecting with impatience
15 Intoxication	16 To cause to fall
17 Hold	18 One who serves wine/Sweetheart

Duniyaa[1] kii mahfilon[2] se uktaa[3] gayaa huun yaa rab[4]
Kyaa lutf-e-anjuman[5] kaa jab dil hii bujh[6] gayaa ho

दुनिया की महफ़िलों से उक्ता गया हूँ या रब
क्या लुत्फ़-ए-अंजुमन का जब दिल ही बुझ गया हो

Ilm[7] men bhii suruur[8] hai lekin
Ye vo jannat[9] hai jis men huur[10] nahiin

इल्म में भी सुरूर है लेकिन
ये वो जन्नत है जिस में हूर नहीं

Achchhaa hai dil ke saath rahe paasbaan-e-aql[11]
Lekin kabhii kabhii ise tanhaa[12] bhii chhod de

अच्छा है दिल के साथ रहे पासबाँ-ए-अक़्ल
लेकिन कभी कभी इसे तनहा भी छोड़ दे

Nahiin teraa nasheman[13] qasr-e-sultaanii[14] ke gumbad[15] par
Tuu shaahiin[16] hai baseraa[17] kar pahaadon[18] kii chataanon[19] men

नहीं तेरा नशेमन क़स्र-ए-सुल्तानी के गुम्बद पर
तू शाहीन है बसेरा कर पहाड़ों की चटानों में

Hayaa[20] nahiin hai zamaane[21] kii aankh[22] men baaqii[23]
Khudaa kare ki javaanii[24] tirii rahe be-daagh[25]

हया नहीं है ज़माने की आँख में बाक़ी
ख़ुदा करे कि जवानी तिरी रहे बे-दाग़

1	World	2	Assemblies
3	Bored	4	Oh God!
5	Enjoyment of the assembly	6	Extinguished
7	eing learned	8	Pleasure
9	Paradise	10	Beautiful nymph of paradise
11	Guard of sense or reason	12	By oneself/Isolated
13	Nest/Abode	14	Emperor's palace
15	Dome	16	Eagle
17	Dwelling	18	Mountains
19	Boulders/Rocks	20	Modesty
21	World	22	Eye
23	Remaining	24	The state of being young
25	Without blemish		

Haram-e-paak[1] bhii allaah bhii quraan[2] bhii ek
Kuchh badii baat thii hote jo musalmaan[3] bhii ek

हराम-ए-पाक भी अल्लाह भी क़ुरआन भी एक
कुछ बड़ी बात थी होते जो मुसलमान भी एक

Ghulaamii[4] men na kaam aatii hain shamshiiren[5] na tadbiiren[6]
Jo ho zauq-e-yaqiin[7] paidaa to kat[8] jaatii hain zanjiiren[9]

ग़ुलामी में न काम आती हैं शमशीरें न तदबीरें
जो हो ज़ौक़-ए-यक़ीन पैदा तो कट जाती हैं ज़ंजीरें

Sau[10] sau umiiden[11] bandhtii[12] hai ik ik nigaah[13] par
Mujh ko na aise pyaar se dekhaa kare koii

सौ सौ उमीदें बांधती है इक इक निगाह पर
मुझ को न ऐसे प्यार से देखा करे कोई

Masjid to banaa dii shab bhar[14] men iimaan[15] kii haraarat[16] vaalon ne
Man apna puraanaa paapii[17] hai barson[18] men namaazii[19] ban na sakaa

मस्जिद तो बना दी शब् भर में ईमान की हरारत वालों ने
मन अपना पुराना पापी है बरसों में नमाज़ी बन न सका

Uqaabii[20] ruuh[21] jab bedaar[22] hotii hai javaanon[23] men
Nazar[24] aatii hai un ko apnii manzil[25] aasmaanon[26] men

उक़ाबी रूह जब बेदार होती है जवानों में
नज़र आती है उन को अपनी मंज़िल आसमानों में

1	Sacred and pure/Sacred mosque	2	Sacred book of Islam
3	One who believes in Islam	4	Slavery
5	Swords	6	Plans/Arrangements
7	Sense of confidence	8	Break
9	Chains	10	In the hundreds
11	Hopes	12	Get tied
13	Look/Glance	14	In a night
15	Faith/Belief	16	Fervour/Zeal
17	Sinner	18	Years
19	One who prays regularly	20	Falcon-like
21	Spirit/Soul	22	Awakened
23	Youth	24	Become visible
25	Destination	26	Skies

Na samjhoge[1] to mit jaaoge[2] ai hindostaan vaalo
Tumhaarii daastaan[3] tak bhii na hogii daastaanon men

न समझोगे तो मिट जाओगे ऐ हिन्दोस्तान वालो
तुम्हारी दास्ताँ तक भी न होगी दास्तानों में

Dhuundtaa phirtaa[4] huun main 'iqbal' apne aap ko
Aap hii goyaa[5] musaafir[6] aap hii manzil[7] huun main

ढूँढ़ता फिरता हूँ मैं 'इक़बाल' अपने आप को
आप ही गोया मुसाफ़िर आप ही मंज़िल हूँ मैं

Yuun to sayyid[8] bhii ho mirzaa[9] bhii ho afghaan bhii ho
Tum sabhii kuchh ho bataao to musalmaan[10] bhii ho

यूं तो सैय्यद भी हो मिर्ज़ा भी हो अफ़ग़ान भी हो
तुम सभी कुछ हो बताओ तो मुसलमान भी हो

Tamannaa[11] dard-e-dil[12] kii ho to kar khidmat[13] faqiiron[14] kii
Nahiin miltaa ye gauhar[15] baadshaahon[16] ke khaziinon[17] men

तमन्ना दर्द-ए-दिल की हो तो कर ख़िदमत फ़क़ीरों की
नहीं मिलता ये गौहर बादशाहों के ख़ज़ीनों में

Ishq[18] bhii ho hijaab[19] men husn[20] bhii ho hijaab men
Yaa to khud aashkaar[21] ho yaa mujhe aashkaar kar

इश्क़ भी हो हिजाब में हुस्न भी हो हिजाब में
या तो ख़ुद आशकार हो या मुझे आशकार कर

---

1 Understanding	2 Get destroyed
3 Story	4 Wander in search
5 As if	6 Traveller
7 Destination	8 A person of a high caste
9 Nobleman	10 A true believer of Islam
11 Desire	12 Pity/Humanity
13 Service	14 Mendicant who leads a holy life
15 Pearl	16 Emperors
17 Treasury	18 All-consuming love
19 Veil	20 Beauty
21 Visible/Evident	

Saare jahaan[1] se achchhaa hindostaan hamaaraa
Ham bulbulen[2] hain is kii ye gulsitaan[3] hamaaraa

सारे जहां से अच्छा हिन्दोस्तान हमारा
हम बुलबुलें हैं इस की ये गुलिस्तां हमारा

Jamhuuriyat[4] ik tarz-e-hukuumat[5] hai ki jis men
Bandon[6] ko ginaa[7] karte hainn taulaa[8] nahiin karte

जम्हूरियत इक तर्ज़-ए-हुकूमत है कि जिस में
बन्दों को गिना करते हैं तौला नहीं करते

Tire aazaad[9] bandon kii na ye duniyaa[10] na vo duniyaa
Yahaan marne kii paabandii[11] vahaan jiine kii paabandii

तिरे आज़ाद बन्दों की न ये दुनिया न वो दुनिया
यहां मरने की पाबंदी वहां जीने की पाबंदी

Baatil[12] se dabne vaale[13] ai aasmaan[14] nahiin ham
Sau baar[15] kar chukaa[16] hai tuu imtihaan[17] hamaaraa

बातिल से दबने वाले ऐ आसमान नहीं हम
सौ बार कर चुका है तू इम्तिहान हमारा

Nahiin hai naa-umiid[18] 'iqbal' apnii kisht-e-viiraan[19] se
Zara nam[20] ho to ye mittii bahut zarkhez[21] hai saaqii[22]

नहीं है ना-उम्मीद 'इक़बाल' अपनी किश्त-ए-वीरान से
ज़रा नम हो तो ये मिट्टी बहुत ज़रखेज़ है साक़ी

1	World	2	Nightingales
3	Garden	4	Democracy
5	Form of government	6	People
7	Count	8	Weigh
9	Free/Liberated	10	World
11	Restriction	12	False/Incorrect
13	Ones who are subdued	14	Sky
15	Hundred times	16	Have done
17	Test/Exam/Trial	18	Without hope
19	Desolate fields or farms	20	Moist
21	Fertile	22	Server of wine/Beloved

Vatan[1] kii fikr[2] kar naadaan[3] musiibat[4] aane vaalii hai
Tirii barbaadiyon[5] ke mashvare[6] hain aasmaanon[7] men

वतन की फ़िक्र कर नादान मुसीबत आने वाली है
तिरी बर्बादियों के मशवरे हैं आसमानों में

Buton[8] se tujh ko umiiden[9] khudaa se naumiidii[10]
Mujhe bataa to sahii aur kaafirii[11] kyaa hai

बुतों से तुझ को उमीदें ख़ुदा से नाउम्मीदी
मुझे बता तो सही और काफ़िरी क्या है

Yaqiin[12] mohkam[13] amal[14] paiham[15] mohabbat faatah-e-aalam[16]
Jihaad-e-zindagaanii[17] men hain ye mardon[18] kii shamshiiren[19]

यक़ीन मोहकम अमल पैहम मोहब्बत फ़ातह-ए-आलम
जिहाद-ए-ज़िंदगानी में हैं ये मर्दों की शमशीरें

Bharii[20] bazm[21] men raaj[22] kii baat kah dii
Badaa be-adab[23] huun sazaa[24] chaahtaa huun

भरी बज़्म में राज की बात कह दी
बड़ा बे-अदब हूँ सज़ा चाहता हूँ

Hai raam ke vajuud[25] pe hindostaan ko naaz[26]
Ahl-e-nazar[27] samajhte hain us ko imaam-e-hind[28]

है राम के वजूद पे हिन्दोस्तान को नाज़
अहल-ए-नज़र समझते हैं उस को इमाम-ए-हिन्द

1	Homeland	2	Worry/Concern
3	Ignorant or foolish	4	Calamity/Disaster
5	Destruction	6	Suggestions/Advice
7	Skies	8	Idols/Those who are beloved
9	Hopes	10	Hopelessness
11	Infidelity	12	Confidence/Belief
13	Unambiguous	14	Labour/Effort
15	Continuously	16	Conqueror of the world
17	Crusade of living	18	Brave men
19	Swords	20	Filled
21	Assembly	22	Secret
23	Dishonourable/Disreputable	24	Punishment
25	Existence	26	Pride
27	People with vision	28	Priest of India

Mujhe rokegaa[1] tuu ai naakhudaa[2] kyaa gharq[3] hone se
Ki jin ko duubnaa[4] hai duub jaate hain safiinon[5] men

मुझे रोकेगा तू ऐ नाख़ुदा क्या ग़र्क़ होने से
कि जिन को डूबना है डूब जाते हैं सफ़ीनों में

Kabhii ham se kabhii ghairon[6] se shanaasaaii[7] hai
Baat kahne kii nahiin tuu bhii to harjaaii[8] hai

कभी हम से कभी ग़ैरों से शनासाई है
बात कहने की नहीं तू भी तो हरजाई है

Na puuchho mujh se lazzat[9] khaanamaan-barbaad[10] rahne kii
Nasheman[11] saikdon[12] main ne banaa kar phuunk daale[13] hain

न पूछो मुझ से लज़्ज़त ख़ानमान-बर्बाद रहने की
नशेमन सैकड़ों मैं ने बना कर फूँक डाले हैं

Mazhab[14] nahiin sikhaataa aapas[15] men bair[16] rakhnaa
Hindii hain ham vatan[17] hai hindostaan hamaaraa

मज़हब नहीं सिखाता आपस में बैर रखना
हिंदी हैं हम वतन है हिन्दोस्तान हमारा

Nigah[18] buland[19] sukhan[20] dil-navaaz[21] jaan[22] pur-soz[23]
Yahii hai rakht-e-safar[24] miir-e-kaarvaan[25] ke liye

निगाह बुलंद सुखन दिल-नवाज़ जान पुर-सोज़
यही है रख़्त-ए-सफ़र मीर-ए-कारवाँ के लिए

1	Stop	2	Boatman
3	Drown	4	Drown or sink
5	Boats	6	Others/Rivals
7	Acquaintance	8	Disloyal/Promiscuous
9	Relish/Deliciousness	10	Desolate/Ruined
11	Nests/Dwellings	12	In the hundreds
13	Blown away	14	Religion
15	Within ourselves	16	Enmity
17	Motherland	18	Look/Glance
19	Exalted/Elevated	20	Speech
21	Soothing	22	Spirit
23	Blazing	24	Necessities for travel
25	Leader of the caravan		

HASRAT MOHANI b 1878 d 1951

Chupke chupke raat din aansuu[1] bahaanaa yaad[2] hai
Ham ko ab tak aashiqii[3] kaa vo zamaanaa[4] yaad hai

चुपके चुपके रात दिन आंसू बहाना याद है
हम को अब तक आशिक़ी का वो ज़माना याद है

Chorii chorii ham se tum aa kar mile the jis jagah[5]
Muddaten[6] guzriin[7] par ab tak vo thikaanaa[8] yaad hai

चोरी चोरी हम से तुम आ कर मिले थे जिस जगह
मुद्दतें गुज़रीन पर अब तक वो ठिकाना याद है

Terii mahfil[9] se uthaataa ghair[10] mujh ko kyaa majaal[11]
Dekhtaa tha main ki tuu ne bhii ishaara[12] kar diyaa

तेरी महफ़िल से उठाता ग़ैर मुझ को क्या मजाल
देखता था मैं कि तू ने भी इशारा कर दिया

Aaiine[13] men vo dekh rahe the bahaar-e-husn[14]
Aayaa miraa khayaal[15] to sharmaa[16] ke rah gae

आईने में वो देख रहे थे बहार-ए-हुस्न
आया मिरा ख़याल तो शर्मा के रह गए

---

1 Tears	2 Remember
3 State of being in love	4 Age/Period
5 Place	6 Long periods of time
7 Went past	8 Dwelling place/Address
9 Assembly	10 Other/Rival
11 Courage/Guts	12 Signal/Gesture
13 Mirror	14 Splendour of beauty
15 Thought	16 Become bashful

Kahne ko to main bhuul[1] gayaa huun magar[2] ai yaar
Hai khaana-e-dil[3] men tirii tasviir[4] abhii tak

कहने को मैं भूल गया हूँ मगर ऐ यार
है ख़ाना-ए-दिल में तिरी तस्वीर अभी तक

Aise bigde[5] ki phir jafaa[6] bhii na kii
Dushmanii kaa bhii haq[7] adaa[8] na huaa

ऐसे बिगड़े कि फिर जफ़ा भी न की
दुश्मनी का भी हक़ अदा न हुआ

Dopahar[9] kii dhuup[10] men mere bulaane ke liye
Vo tiraa kothe[11] pe nange paanv[12] aanaa yaad hai

दोपहर की धूप में मेरे बुलाने के लिए
वो तिरा कोठे पे नंगे पाँव आना याद है

Aap ko aataa rahaa mere sataane[13] kaa khayaal[14]
Sulh[15] se achchhii rahii mujh ko ladaaii[16] aap kii

आप को आता रहा मेरे सताने का ख़याल
सुलह से अच्छी रही मुझ को लड़ाई आप की

Maaluum[17] sab hai puuchhte ho phir bhii muddaaa[18]
Ab tum se dil kii baat kahen kyaa zabaan[19] se ham

मालूम सब है पूछते हो फिर भी मुद्दा
अब तुम से दिल की बात कहें क्या ज़बान से हम

1	Forgot	2	But/However
3	Home of the heart	4	Portrait
5	Got angry	6	Oppression/Cruelty
7	Claim/Propriety	8	Pay off
9	Afternoon	10	Sunlight
11	Mansion	12	Bare feet
13	Pester/Trouble	14	Thought
15	Reconciliation	16	Quarrel
17	Know	18	Matter/Issue
19	Tongue		

Phir aur taghaaful[1] kaa sabab[2] kyaa hai khudaayaa[3]
Main yaad na aauun unhen mumkin[4] hii nahiin hai

फिर और तग़ाफुल का सबब क्या है ख़ुदाया
मैं याद न आऊँ उन्हें मुमकिन ही नहीं है

Dekhaa kiye vo mast nigaahon[5] se baar baar
Jab tak sharaab[6] aaii kaii daur[7] ho gae

देखा किये वो मस्त निगाहों से बार बार
जब तक शराब आई कई दौर हो गए

Ghair[8] kii nazron[9] se bach kar sab kii marzii[10] ke khilaaf[11]
Vo tiraa chorii-chhupe[12] raaton[13] ko aanaa yaad hai

ग़ैर की नज़रों से बच कर सब की मर्ज़ी के ख़िलाफ़
वो तिरा चोरी-छुपे रातों को आना याद है

Jo aur kuchh ho tirii diid[14] ke sivaa[15] manzuur[16]
To mujh pe khvaahish-e-jannat[17] haraam[18] ho jaae

जो और कुछ हो तिरी दीद के सिवा मंज़ूर
तो मुझ पे ख़्वाहिश-ए-जन्नत हराम हो जाए

Hai mashq-e-sukhan[19] jaarii[20] chakkii[21] kii mashaqqat[22] bhii
Ik turfa[23] tamaashaa[24] hai 'hasrat' kii tabiiat[25] bhii

हैं मश्क़-ए-सुखन जारी चक्की की मशक़्क़त भी
इक तुर्फा तमाशा है 'हसरत' की तबीयत भी

1	Neglect/Indifference	2	Basis/Reason
3	Oh God!	4	Possible
5	Glances	6	Wine
7	Round of drinks	8	Other/Rival
9	Looks/Glances	10	Will/Consent
11	Against	12	Clandestinely
13	Nights	14	Seeing/Sight
15	Except	16	Acceptable
17	Desire for paradise	18	Forbiddeen/Prohibited
19	Practice of poetry	20	Ongoing/Continuous
21	Stone hand-mill	22	Toil
23	Rare/Novel	24	Spectacle
25	Temperamant/Disposition		

Us naa-khudaa[1] ke zulm o sitam[2] haae kyaa karuun
Kashtii[3] mirii duboii[4] hai saahil[5] ke aas-paas

उस ना-ख़ुदा के जुल्म ओ सितम है क्या करूँ
कश्ती मिरी डुबोई है साहिल के आस-पास

Haqiiqat[6] khul gaii[7] 'hasrat' tire tark-e-mohabbat[8] kii
Tujhe to ab vo pahle se bhii badh kar yaad aate hain

हक़ीक़त खुल गई 'हसरत' तिरे तर्क-ए-मोहब्बत की
तुझे तो अब वो पहले से भी बढ़ कर याद आते हैं

Maanuus[9] ho chalaa thaa tasallii[10] se haal-e-dil[11]
Phir tuu ne yaad aa ke ba-dastuur[12] kar diyaa

मानूस हो चला था तसल्ली से हाल-ए-दिल
फिर तू ने याद आ के ब-दस्तूर कर दिया

Hai intihaa-e-yaas[13] bhii ik ibtidaa-e-shauq[14]
Phir aa gae vahiin pe chale the jahaan se ham

है इंतिहा-ए-यास भी इक इब्तिदा-ए-शौक़
फिर आ गए वहीं पे चले थे जहां से हम

Milte hain is adaa[15] se ki goyaa[16] khafaa[17] nahiin
Kyaa aap kii nigaah[18] se ham aashnaa[19] nahiin

मिलते हैं इस अदा से कि गोया ख़फ़ा नहीं
क्या आप की निगाह से हम आशना नहीं

1	Boatman	2	Cruelty and injustice
3	Boat	4	Caused to sink
5	Sea-shore/Edge of the river	6	Reality
7	Got revealed	8	Break-up of love
9	Habituated	10	Contentment/Satisfaction
11	Condition of my heart	12	Back to normal/As it was
13	Height of grief and sorrow	14	Beginning of love
15	Manner/Style	16	As if
17	Angry/Offended	18	View
19	Friend/Companion			

Bad-gumaan[1] aap hain kyuun aap se shikva[2] hai kise
Jo shikaayat[3] hai hamen gardish-e-ayyaam[4] se hai

बद-गुमान आप हैं क्यूँ आप से शिकवा है किसे
जो शिकायत है हमें गर्दिश-ए-अय्याम से है

Shikva-e-gham[5] tire huzuur kiyaa[6]
Ham ne be-shak[7] badaa qusuur[8] kiyaa

शिकवा-ए-ग़म तिरे हुज़ूर किया
हम ने बे-शक बड़ा क़ुसूर किया

Khiinch[9] lenaa vo miraa parde[10] kaa konaa[11] dafatan[12]
Aur dupatte[13] se tiraa vo munh[14] chhupaanaa[15] yaad hai

खींच लेना वो मिरे परदे का कोना दफ़अतन
और दुपट्टे से तिरा वो मुंह छुपाना याद है

Sabhii kuchh ho chukaa un kaa hamaaraa kyaa rahaa 'hasrat'
Na diin[16] apnaa na dil apnaa na jaan[17] apnii na tan[18] apnaa

सभी कुछ हो चुका उन का हमारा क्या रहा 'हसरत'
न दीं अपना न दिल अपना न जान अपनी न तन अपना

Paighaam-e-hayaat-e-jaavedaan[19] thaa
Har naghma-e-krishn[20] baansurii[21] kaa

पैग़ाम-ए-हयात-ए-जावेदान था
हर नग़मा-ए-कृष्ण बाँसुरी का

1	Distrustful	2	Grievance
3	Complaint	4	Vicissitudes of fortune
5	Complaint of pain	6	Offered to an exalted being
7	Doubtless	8	Error/Shortcoming
9	Pull	10	Veil
11	Corner	12	Suddenly/Abruptly
13	Scarf	14	Face
15	To hide	16	Faith/Religion
17	Life	18	Body
19	Message of eternal love/life	20	Song of Krishna
21	Flute		

Shaam[1] ho yaa ki sahar[2] yaad unhiin kii rakhnii
Din ho yaa raat hamen zikr[3] unhiin kaa karnaa

शाम हो या कि सहर याद उन्हीं की रखनी
दिन हो या रात हमें ज़िक्र उन्हीं का करना

Vasl[4] kii bantii hain in baaton se tadbiiren[5] kahiin
Arzuuon[6] se phiraa[7] kartii hain taqdiiren[8] kahiin

वस्ल की बनती हैं इन बातों से तदबीरें कहीं
आरज़ूओं से फिरा करती हैं तक़दीरें कहीं

Daava-e-aashiqii[9] hai to 'hasrat' karo nibaah[10]
Ye kyaa ke ibtidaa[11] hii men ghabraa[12] ke rah gae

दावा-ए-आशिक़ी है तो 'हसरत' करो निबाह
ये क्या के इब्तिदा ही में घबरा के रह गए

Khuu[13] samajh[14] men nahiin aatii tire diivaanon[15] kii
Daamanon[16] kii na khabar hai na girebaanon[17] kii

खू समझ में नहीं आती तिरे दीवानों की
दामानों की न ख़बर है न गिरेबानों की

Khuub-ruuyon[18] se yaariyaan[19] na gaiin
Dil kii be-ikhtiyaariyaan[20] na gaiin

ख़ूब-रूयों से यारियां न गईं
दिल की बे-इख़्तियारियाँ न गईं

---

1 Evening	2 Dawn
3 Mention	4 Sexual union
5 Plans/Arrangements	6 Desires
7 Alter	8 Destinies
9 Claim of love	10 Keep the faith
11 Commencement/Beginning	12 Alarm/Confusion
13 Habit/Behaviour	14 Understanding
15 Frenzied lovers	16 Skirt of garment/Hem
17 Collars	18 Beauties
19 Friendships	20 State of being unrestrained

AARZOO LAKHNAVI b 1873 d 1951

Puuchhaa jo un se chaand nikaltaa hai kis tarah

Zulfon[1] ko rukh[2] pe daal ke jhatkaa[3] diyaa ki yuun

पूछा जो उन से चाँद निकलता है किस तरह

ज़ुल्फ़ों को रुख़ पे दाल के झटका दिया कि यूं

Kis ne bhiige hue baalon se ye jhatkaa paanii

Jhuum ke aaii ghataa[4] tuut ke barsaa[5] paanii

किस ने भीगे हुए बालों से ये झटका पानी

झूम के आई घटा टूट के बरसा पानी

Nigaahen[6] is qadar[7] qaatil[8] ki uff uff

Adaaen[9] is qadar pyaarii ki tauba[10]

निगाहें इस क़दर क़ातिल कि उफ़ उफ़

अदाएं इस क़दर प्यारी कि तौबा

Vafaa[11] tum se karenge dukh[12] sahenge naaz[13] uthaaenge

Jise aataa hai dil denaa use har kaam aataa hai

वफ़ा तुम से करेंगे दुःख सहेंगे नाज़ उठाएंगे

जिसे आता है दिल देना उसे हर काम आता है

---

1 Tresses	2 Face/Cheek
3 Jerk/Pull	4 Clouds
5 Rained	6 Looks/Glances
7 Extent	8 Deadly
9 Style/Amorous gestures	10 Renunciation
11 Keeping one's promise	12 Grief
13 Coquetry	

Jo dil rakhte hain siine[1] men vo kaafir[2] ho nahiin sakte
Mohabbat[3] diin[4] hotii hai vafaa[5] iimaan[6] hotii hai

जो दिल रखते हैं सीने में वो काफ़िर हो नहीं सकते
मोहब्बत दीं होती है वफ़ा ईमान होती है

Bhole ban kar haal na puuchh bahte hain ashk[7] to bahne do
Jis se badhe bechainii[8] dil kii aisii tasallii[9] rahne do

भोले बन कर हाल न पूछ बहते हैं अश्क तो बहने दो
जिस से बढ़े बेचैनी दिल की ऐसी तसल्ली रहने दो

Had[10] se takraatii[11] hai jo shai[12] vo palattii[13] hai zaruur[14]
Khud[15] bhii roenge[16] ghariibon[17] ko rulaane vale

हद से टकराती है जो शै वो पलटती है ज़रूर
खुद भी रोएंगे ग़रीबों को रुलाने वाले

Khamoshii[18] merii maaniikhez[19] thii ai aarzuu[20] kitnii
Ki jis ne jaisaa chaahaa vaisaa afsaana[21] banaa daalaa

ख़ामोशी मेरी मानीखेज़ थी ऐ आरज़ू कितनी
की जिस ने जैसा चाहा वैसा अफ़साना बना डाला

Allaah allaah husn[22] kii ye parda-daariii[23] dekhiye
Bhed[24] jis ne kholnaa[25] chaahaa vo diivaana[26] huaa

अल्लाह अल्लाह हुस्न की ये पर्दा-दारी देखिये
भेद जिस ने खोलना चाहा वो दीवाना हुआ

1	Chest	2	Infidel
3	Love	4	Religion
5	Awry/Slanting	6	Being faithful/Keeping one's promise
7	Tears	8	Uneasiness
9	Consolation/ Solace	10	Limit/Utmost degree
11	Ram into	12	Object
13	Returns/Turns around	14	Certainly
15	Oneself	16	Will weep
17	Destitutes	18	Silence
19	Meaningful/Evocative	20	Desire
21	Story	22	Beauty
23	Secrecy/Concealment	24	Puzzle/Mystery
25	Reveal/Unravel	26	Frenzied lover

Khilnaa[1] kahiin chhupaa[2] bhii hai chaahat[3] ke phuul kaa
Lii ghar[4] men saans[5] aur galii[6] tak mahak[7] gaii

खिलना कहीं छुपा भी है चाहत के फूल का
ली घर में सांस और गली तक महक गई

Dafatan[8] tark-e-taalluq[9] men bhii rusvaaii[10] hai
Uljhe[11] daaman[12] ko chhudaate[13] nahiin jhatkaa[14] de kar

दफ़अतन तर्क-इ-ताल्लुक़ में भी रुसवाई है
उलझे दामन को छुड़ाते नहीं झटका दे कर

Phir chaahe to na aanaa o aan baan[15] vaale
Jhuutaa[16] hii vaada[17] kar le sachchii[18] zabaan[19] vale

फिर चाहे तो न आना ओ आन बान वाले
झूठा ही वादा कर ले सच्ची ज़बान वाले

Dil kii zid[20] is liye rakh lii thii ki aa jaae qaraar[21]
Kal ye kuchh aur kahegaa mujhe maaluum[22] na thaa

दिल की ज़िद इस लिए रख ली थी कि आ जाए क़रार
कल ये कुछ और कहेगा मुझे मालूम न था

Tere to dhang[23] hain yahii apnaa banaa[24] ke chhod[25] de
Vo bhii buraa hai baavlaa[26] tujh ko jo paa ke chhod de

तेरे तो ढंग हैं यही अपना बना के छोड़ दे
वो भी बुरा है बावला तुझ को जो पा के छोड़ दे

1	Blooming/To show its effects	2	Hidden/Concealed
3	Fondness/Craving	4	House
5	Breath	6	Lane
7	Fragrance	8	Abruptly
9	Renouncing a relationship	10	Disgrace/Dishonour
11	Entangled	12	Skirt/Part of dress below the chest
13	Disentangle	14	Jerk/Pull
15	Disposition/Nature	16	False
17	Promise	18	True/Genuine
19	Speech	20	Stubbornness
21	Calmness/Rest	22	Known/Evident
23	Manner/Behaviour	24	To make one's own
25	Leave	26	Madly in love

Jis qadar[1] nafrat[2] badhaaii utnii hii qurbat[3] badhii
Ab jo mahfil[4] men nahiin hai vo tumhaare dil men hai

जिस क़दर नफ़रत बढ़ाई उतनी ही क़ुरबत बढ़ी
अब जो महफ़िल में नहीं है वो तुम्हारे दिल में है

Mohabbat nek-o-bad[5] ko sochne de ghair-mumkin[6] hai
Badhii jab be-hhudii[7] phir kaun dartaa hai gunaahon[8] se

मोहब्बत नेक-ओ-बद को सोचने दे ग़ैर-मुम्किन है
बढ़ी जब बे-ख़ुदी फिर कौन डरता है गुनाहों से

Kuchh to mil jaae lab-e-shiiriin[9] se
Zahr[10] khaane kii ijaazat[11] hii sahii

कुछ तो मिल जाए लब-ए-शीरीं से
ज़हर खाने की इजाज़त ही सही

Dost ne dil ko tod ke naqsh-e-vafaa[12] mitaa diyaa
Samjhe the ham jise khaliil[13] kaaba[14] usii ne dhaa[15] diyaa

दोस्त ने दिल को तोड़ के नक़्श-ए-वफ़ा मिटा दिया
समझे थे हम जिसे खलील काबा उसी ने ढा दिया

Apnii apnii gardish-e-raftaar[16] puurii kar to len
Do sitaare[17] phir kisii din ek jaa[18] ho jaaenge

अपनी अपनी गर्दिश-ए-रफ़्तार पूरी कर तो लें
दो सितारे फिर किसी दिन एक जा हो जाएंगे

1	Extent	2	Ill-will/Hatred
3	Closenes/Proximity	4	Assembly/Gathering
5	Good and evil	6	Impossible
7	Forgetfulness of one's ego	8	Sins/Crimes
9	Sweet lips of the beloved	10	Poison
11	Permission	12	Imprint of constancy and faithfulness
13	True friend	14	Mosque
15	Raze to the ground	16	Movement of speed
17	Stars	18	Place

Kuchh kahte kahte ishaaron[1] men sharmaa[2] ke kisii kaa rah jaanaa

Vo meraa samajh[3] kar kuchh kaa kuchh jo

kahnaa na thaa sab kah jaanaa

कुछ कहते कहते इशारों में शर्मा के किसी का रह जाना

वो मेरा समझ कर कुछ का कुछ जो कहना न था सब कह जाना

Do tund[4] havaaon par buniyaad[5] hai tuufaan[6] kii

Yaa tum na hasiin[7] hote yaa men na javaan[8] hotaa

दो तुण्ड हवाओं पर बुनियाद है तूफ़ान की

या तुम न हसीं होते या मैं न जवान होता

Jo kuchh thaa na kahne kaa sab kah gayaa diivaana[9]

Samjho to mukammal[10] hai ab ishq kaa afsaana[11]

जो कुछ था न कहने का सब कह गया दीवाना

समझो तो मुकम्मल है अब इश्क़ का अफ़साना

Kis kaam kii aisii sachchaaii[12] jo tod de ummiiden[13] dil kii

Thodii sii tasallii[14] ho to gaii maanaa[15] ki vo bol ke jhuut[16] gayaa

किस काम की ऐसी सच्चाई जो तोड़ दे उम्मीदें दिल की

थोड़ी सी तसल्ली हो तो गई माना कि वो बोल के झूट गया

Khizaan[17] kaa bhes[18] banaa kar bahaar[19] ne maaraa[20]

Mujhe do-rangii-e-lail-o-nahaar[21] ne maaraa

ख़िज़ाँ का भेस बना कर बहार ने मारा

मुझे दो-रंगी-ए-लैल-ओ-नहार ने मारा

---

1 Gestures/Signs/Hints	2 Being bashful
3 Understanding/Comprehension	4 Fierce/Violent
5 Foundation	6 Storm
7 Beautiful	8 Youthful
9 Frenzied lover	10 Completed/Accomplished
11 Story	12 Truth
13 Hopes	14 Consolation
15 Though I accept	16 Lies/Falsehood
17 Autumn	18 Disguise
19 Spring time	20 Hit/Beaten
21 Two colours of day and night	

Maasuum[1] nazar[2] kaa bholaa-pan[3] lalchaa[4] ke lubhaanaa[5] kyaa jaane
Dil aap nishaana[6] bantaa hai vo tiir[7] chalaanaa kyaa jaane

मासूम नज़र का भोला-पन ललचा के लुभाना क्या जाने
दिल आप निशाना बनता है वो तीर चलाना क्या जाने

Sukuun-e-dil[8] nahiin jis vaqt[9] se us bazm[10] men aae
Zaraa[11] sii chiiz[12] ghabraahat[13] men kyaa jaane kahaan rakh dii

सुकून-ए-दिल नहीं जिस वक़्त से उस बज़्म में आए
ज़रा सी चीज़ घबराहट में क्या जाने कहाँ रख दी

Raahbar[14] rahzan[15] na ban jaae kahiin is soch[16] men
Chup[17] khadaa huun bhuul[18] kar raste men manzil[19] kaa pataa[20]

राहबर रहज़न न बन जाए कहीं इस सोच में
चुप खड़ा हूँ भूल कर रस्ते में मंज़िल का पता

Ye zoraa-zorii[21] ishq kii thii fitrat[22] hii jis ne badal[23] daalii
Jaltaa huaa dil ho kar paanii aansuu ban jaanaa kyaa jaane

ये ज़ोरा-ज़ोरी इश्क़ की थी फितरत ही जिस ने बदल डाली
जलता हुआ दिल हो कर पानी आंसू बन जाना क्या जाने

Vaae[24] ghurbat[25] ki hue jis ke liye khaana-kharaab[26]
Sun ke aavaaz[27] bhii ghar se na vo baahar niklaa

वाए गुरबत कि हुए जिस के लिए ख़ाना-ख़राब
सुन के आवाज़ भी घर से न वो बाहर निकला

1	Innocent/Guileless	2	Look/Glance
3	Innocence	4	Tempt/Entice
5	Seduce/Win over	6	Target
7	Arrow	8	Peace of heart
9	Moment	10	Assembly/Gathering
11	Small/Trivial	12	Thing/Object
13	Distraction/Perplexity	14	Guide
15	Highway robber	16	Thought
17	Silent	18	Having forgotten
19	Destination	20	Adress/Trace
21	Battle of strength	22	Nature/Disposition
23	Change	24	Alas!
25	Poverty	26	Ruined
27	Voice/Sound		

Jo kaan[1] lagaa kar sunte hain kyaa jaanen rumuuz[2] mohabbat[3] ke
Ab hont[4] nahiin hilne paate aur pahron[5] baaten hotii hain

जो कान लगा कर सुनते हैं क्या जानें रुमूज़ मोहब्बत के
अब होंठ नहीं हिलने पाते और पहरों बातें होती हैं

Ham ko itnaa bhii rihaaii[6] kii khushii[7] men nahiin hosh[8]
Tuutii[9] zanjiir[10] ki khud paanv[11] hamaaraa tuutaa

हम को इतना भी रिहाई की ख़ुशी में नहीं होश
टूटी ज़ंजीर कि ख़ुद पाँव हमारा टूटा

Nazar[12] bachaa ke jo aansuu[13] kiye the main ne paak[14]
Khabar[15] na thii yahii dhabbe[16] banenge daaman[17] ke

नज़र बचा के जो आंसू किये थे मैं ने पाक
ख़बर न थी यही धब्बे बनेंगे दामन के

Barson[18] bhatkaa[19] kiyaa aur phir bhii na un tak pahunchaa[20]
Ghar to maaluum[21] thaa rasta[22] mujhe maaluum na thaa

बरसों भटका किया और फिर भी न उन तक पहुंचा
घर तो मालूम था रास्ता मुझे मालूम न था

Mujhe rahne ko vo milaa hai ghar ki jo aafaton[23] kii hai rahguzar[24]
Tumhen khaaksaaron[25] kii kyaa khabar kabhii niiche utre ho baam[26] se

मुझे रहने को वो मिला है घर कि जो आफ़तों की है रहगुज़र
तुम्हें ख़ाकसारों की क्या ख़बर कभी नीचे उतरे हो बाम से

1	Ears	2	Secret
3	Love/Romance	4	Lips
5	Hours	6	Release/Acquittal
7	Delight	8	Sense
9	Broken	10	Chain/Shackles
11	Foot	12	Sight/Look
13	Tears	14	Pure
15	Awareness	16	Stains
17	Skirt	18	Years
19	Wander	20	Reach
21	Known/Evident	22	Route/Path
23	Difficulties/Calamities	24	Way/Path
25	Poor/Poverty-stricken	26	Terrace

Javaab[1] dene ke badle vo shakl[2] dekhte haiñ
Ye kyaa huaa mere chehre[3] ko arz-e-haal[4] ke baad

जवाब देने के बदले वो शक्ल देखते हैं
ये क्या हुआ मेरे चेहरे को अर्ज़-ए-हाल के बाद

Khamosh[5] jalne kaa dil ke koii gavaah[6] nahiin
Ki shoala[7] surkh[8] nahiin hai dhuaan[9] siyaah[10] nahiin

ख़ामोश जलने का दिल के कोई गवाह नहीं
कि शोला सुर्ख़ नहीं है धुंआ सियाह नहीं

Chatkii[11] jo kalii[12] koyal[13] kuukii[14] ulfat[15] kii kahaanii khatm[16] huii
Kyaa kis ne kahii kyaa tuu ne sunii ye baat zamaana[17] kyaa jaane

चटकी जो कली कोयल कूकी उल्फ़त की कहानी ख़त्म हुई
क्या किस ने कही क्या तू ने सुनी ये बात ज़माना क्या जाने

Ham 'aarzoo' aae baithe hain aur vo sharmaae[18] baithe hain
Mushtaaq-nazar[19] gustaakh[20] nahiin parda[21] sarkaanaa[22] kyaa jaane

हम 'आर्ज़ू' आए बैठे हैं और वो शर्माए बैठे हैं
मुश्ताक़-नज़र गुस्ताख़ नहीं पर्दा सरकाना क्या जाने

Kam na thii tegh[23] se adaa-e-khiraam[24]
Dost dushman kii shaan[25] se niklaa

कम न थी तेग़ से अदा-ए-ख़िराम
दोस्त दुश्मन की शान से निकला

---

1 Reply	2 Face
3 Face/Appearance	4 Expression of my condition
5 Silently	6 Witness
7 Flame	8 Red
9 Smoke	10 Dark/Black
11 Bloom	12 Flower bud
13 Koel/Cuckoo	14 Chirped/Cuckooed
15 Intimacy/Attachment	16 Concluded/Completed
17 World	18 Bashful
19 Eager or longing for sight	20 Insolent/Audacious
21 Veil	22 Move aside
23 Sword	24 Grace of walking or moving
25 Pomp/Glory	

JALEEL MANIKPURI b 1866 d 1946

Tasadduq[1] is karam[2] ke main kabhii tanhaa[3] nahiin rahtaa
Ki jis din tum nahiin aate tumhaarii yaad[4] aatii hai

तसद्दुक़ इस करम के मैं कभी तन्हा नहीं रहता
कि जिस दिन तुम नहीं आते तुम्हारी याद आती है

Aap pahluu[5] men jo baithen[6] to sambhal[7] kar baithen
Dil-e-betaab[8] ko aadat[9] hai machal[10] jaane kii

आप पहलू में जो बैठें तो संभल कर बैठें
दिल-ए-बेताब को आदत है मचल जाने की

Mohabbat rang de jaatii hai jab dil dil se miltaa[11] hai
Magar[12] mushkil[13] to ye hai dil badii mushkil se miltaa hai

मोहब्बत रंग दे जाती है जब दिल दिल से मिलता है
मगर मुश्किल तो ये है दिल बड़ी मुश्किल से मिलता है

Ye jo sar niiche kiye[14] baithe hain
Jaan[15] kitnon[16] kii liye baithe hain

ये जो सर नीचे किये बैठे हैं
जान कितनों की लिए बैठे हैं

1	Charity	2	Kindness/Favour
3	Lonely	4	Remembrance
5	Side of body/Flank	6	Seated
7	With care	8	Restless heart
9	Habituated	10	To sulk/Fidgety
11	Meets	12	But/However
13	Difficulty	14	Head lowered
15	Life	16	How many

Aap ne tasviir[1] bhejii main ne dekhii ghaur[2] se
Har adaa[3] achchhii khamoshii[4] kii adaa achchhii nahiin

आप ने तसवीर भेजी मैं ने देखी ग़ौर से
हर अदा अच्छी ख़ामोशी की अदा अच्छी नहीं

Baat ultii[5] vo samajhte hain jo kuchh kahtaa huun
Ab kii puuchhaa to ye kah duungaa ki haal achchhaa hai

बात उल्टी वो समझते हैं जो कुछ कहता हूँ
अब कि पूछा तो ये कह दूँगा कि हाल अच्छा है

Bikhrii[6] huii vo zulf[7] ishaaron[8] men kah gaii
Main bhii shariik[9] huun tire haal-e-tabaah[10] men

बिखरी हुई वो ज़ुल्फ़ इशारों में कह गई
मैं भी शरीक़ हूँ तिरे हाल-ए-तबाह में

Jab main chaluun to saaya[11] bhii apnaa na saath de
Jab tum chalo zamiin[12] chale aasmaan[13] chale

जब मैं चलूँ तो साया भी अपना न साथ दे
जब तुम चलो ज़मीन चले आसमान चले

Roz[14] vo khvaab[15] men aate hain gale milne[16] ko
Main jo sotaa huun to jaag uthtii hai qismat[17] merii

रोज़ वो ख़्वाब में आते हैं गले मिलने को
मैं जो सोता हूँ तो जाग उठती है क़िस्मत मेरी

---

1 Portrait	2 Deep thought or reflection
3 Style	4 Silence
5 Opposite/Upside-down	6 Dishevelled/Disturbed
7 Tresses	8 Signs/Gestures
9 Partner/Involved	10 Wretched state
11 Shadow	12 Ground
13 Sky	14 Every day
15 Dream	16 Embrace
17 Good fortune	

Sab kuchh ham un se kah gae lekin ye ittifaaq[1]
Kahne kii thii jo baat vahii dil men rah gaii

सब कुछ हम उन से कह गए लेकिन ये इत्तिफ़ाक़
कहने की थी जो बात वही दिल में रह गई

Husn[2] *aafat*[3] *nahiin to phir kyaa hai*
Tuu qayaamat[4] *nahiin to phir kyaa hai*

हुस्न आफत नहीं तो फ़िर क्या है
तू क़यामत नहीं तो फ़िर क्या है

Mirii aah[5] *kaa tum asar*[6] *dekh lenaa*
Vo aaenge thaame[7] *jigar*[8] *dekh lenaa*

मिरी आह का तुम असर देख लेना
वो आएँगे थामे जिगर देख लेना

Aankh[9] *rahzan*[10] *nahiin to phir kyaa hai*
Luut[11] *letii hai qaafila*[12] *dil kaa*

आँख रहज़न नहीं तो फ़िर क्या है
लूट लेती है क़ाफ़िला दिल का

Husn[13] *ye hai ki dilrubaa*[14] *ho tum*
Aib[15] *ye hai ki bevafaa*[16] *ho tum*

हुस्न ये है कि दिलरुबा हो तुम
ऐब ये है कि बेवफ़ा हो तुम

1	Coincidence	2	Beauty
3	Problem/Hardship	4	Doomsday/Apocalypse
5	Sigh of sorrow	6	Impact
7	Holding	8	Heart
9	Eye	10	Highwayman/Bandit
11	Loot/Rob/Pillage	12	Caravan
13	Merit	14	Heart-stealing/Bewitching/Beloved
15	Defect	16	Unfaithful

Un kii suurat[1] dekh lii khush ho gae
Un kii siirat[2] se hamen kyaa kaam hai

उन की सूरत देख ली ख़ुश हो गए
उन की सीरत से हमें क्या काम है

Kamaal-e-ishq[3] to dekho vo aa gae lekin
Vahii hai shauq[4] vahii intizaar[5] baaqii[6] hai

कमाल-ए-इश्क़ तो देखो वो आ गए लेकिन
वही है शौक़ वही इन्तिज़ार बाक़ी है

Vo chaandnii[7] men phirte hain ghar ghar ye shor hai
Niklaa hai aaftaab[8] shab-e-maahtaab[9] men

वो चांदनी में फिरते हैं घर घर ये शोर है
निकला है आफ़ताब शब्-ए-माहताब में

Main dar rahaa huun tumhaarii nashiilii[10] aankhon[11] se
Ki luut[12] len na kisii roz kuchh pilaa[13] ke mujhe

मैं डर रहा हूँ तुम्हारी नशीली आँखों से
कि लूट लें न किसी रोज़ कुछ पिला के मुझे

Raat ko sonaa[14] na sonaa sab baraabar[15] ho gayaa
Tum na aae khvaab[16] men aankhon men khvaab aayaa to kyaa

रात को सोना न सोना सब बराबर हो गया
तुम न आए ख़्वाब में आँखों में ख़्वाब आया तो क्या

1	Form/Figure	2	Character/Disposition
3	Excellence of love	4	Deep longing
5	Awaiting with anxiety	6	Remaining
7	Moonlight	8	Sun
9	Moonlit night	10	Intoxicating
11	Eyes	12	Loot/Plunder
13	Cause to drink	14	Sleep/Slumber
15	Equal/Similar	16	Dream

Suurat[1] to ibtidaa[2] se tirii laa-javaab[3] thii
Naaz-o-adaa[4] ne aur tarah-daar[5] kar diyaa

सूरत तो इब्तिदा से तिरी ला-जवाब थी
नाज़-ओ-अदा ने और तरह-दार कर दिया

Dekh lete jo mire dil kii pareshaanii[6] ko
Aap baithe hue zulfen[7] na sanvaaraa[8] karte

देख लेते जो मिरे दिल की परेशानी को
आप बैठे हुए जुल्फ़ें न संवारा करते

Hotii kahaan hai dil se judaa[9] dil kii aarzuu[10]
Jaataa kahaan hai shama[11] ko parvaana[12] chhod kar

होती कहाँ है दिल से जुदा दिल की आरज़ू
जाता कहाँ है शमा को परवाना छोड़ कर

Sach hai ehsaan[13] kaa bhii bojh[14] bahut hotaa hai
Chaar phuulon se dabii jaatii hai turbat[15] merii

सच है एहसान का भी बोझ बहुत होता है
चार फूलों से दबी जाती है तुर्बत मेरी

Chaand[16] sii shakl[17] jo allaah ne dii thii tum ko
Kaash[18] raushan[19] mirii qismat[20] kaa sitaaraa[21] karte

चाँद सी शक्ल जो अल्लाह ने दी थी तुम को
काश रौशन मिरी क़िस्मत का सितारा करते

---

1 Form/Appearance	2 Beginning
3 Rendered speechless/matchless	4 Coquetry and style
5 Graceful/Elegant	6 Distress/Anxiety
7 Tresses of hair	8 Make better/Set right
9 Separate	10 Desire/Longing
11 Lamp	12 Moth flying around a lamp/Lover
13 Favour/Conferring of obligation	14 Burden
15 Tomb/Grave	16 Moon
17 Face/Countenance	18 God grant!
19 Make bright	20 Fate/Destiny
21 Star	

Thikaanaa[1] puuchhte hain sab tumhaaraa mujh se aa aa kar
Koii tasviir[2] do aisii lagaa duun main dar-e-dil[3] par

ठिकाना पूछते हैं सब तुम्हारा मुझ से आ आ कर
कोई तस्वीर दो ऐसी लगा दूँ मैं दर-ए-दिल पर

Qaasid[4] payaam-e-shauq[5] ko denaa bahut na tuul[6]
Kahnaa faqat[7] ye un se ki aankhen taras[8] gaiin

क़ासिद पयाम-ए-शौक़ को देना बहुत न तूल
कहना फ़क़त ये उन से की आँखें तरस गईं

Tanhaa[9] vo aaen jaaen ye hai shaan[10] ke khilaaf[11]
Aanaa hayaa[12] ke saath hai jaanaa adaa[13] ke saath

तन्हा वो आएं जाएं ये है शान के ख़िलाफ़
आना हया के साथ है जाना अदा के साथ

Dil men vo bhiid[14] hai ki zaraa bhii nahiin jagah[15]
Aap aaiye magar koii armaan[16] nikaal ke

दिल में वो भीड़ है कि ज़रा भी नहीं जगह
आप आइये मगर कोई अरमान निकाल के

Aise chhupne[17] se na chhupnaa hii thaa behtar[18] teraa
Tuu hai parde[19] men magar zikr[20] hai ghar ghar teraa

ऐसे छुपने से न छुपना ही था बेहतर तेरा
तू है परदे में मगर ज़िक्र है घर घर तेरा

---

1 Residence/Address	2 Portrait
3 Door of the heart	4 Messenger
5 Message of love	6 Length/Prolonged
7 Only	8 Eyes left waiting
9 Alone	10 Grandeur/Dignity
11 Against/Contrary to	12 Modesty
13 Style	14 Crowd/Throng
15 Space/Place	16 Desire/Longing
17 To hide	18 Preferable
19 Veil	20 Mention

Main samajhtaa[1] huun ki hai jannat[2] o dozakh[3] kyaa chiiz

Ek hai vasl[4] tiraa ek hai furqat[5] terii

मैं समझता हूँ कि है जन्नत ओ दोज़ख क्या चीज़

एक है वस्ल तिरा एक है फुरक़त तेरी

Aansuu[6] hamaare gir gae un kii nigaah[7] se

In motiyon[8] kii ab koii qiimat[9] nahiin rahii

आंसू हमारे गिर गए उन की निगाह से

इन मोतियों की अब कोई क़ीमत नहीं रही

Achchhii suurat[10] nazar aate hii machal[11] jaataa hai

Kisii aafat[12] men na daale dil-e-naashaad[13] mujhe

अच्छी सूरत नज़र आते ही मचल जाता है

किसी आफ़त में न डाले दिल-ए-नाशाद मुझे

Dard[14] se vaaqif[15] na the gham[16] se shanaasaaii[17] na thii

Haae kyaa din the tabiiat[18] jab kahiin aaii na thii

दर्द से वाक़िफ़ न थे ग़म से शनासाई न थी

हाए क्या दिन थे तबीयत जब कहीं आई न थी

Aap chhuu dekhen kisii ghunche[19] ko apne haath se

Ghuncha gul[20] ho jaaegaa aur gul chaman[21] ho jaaegaa

आप छू देखें किसी घुन्चे को अपने हाथ से

घुंचा गुल हो जाएगा और गुल चमन हो जाएगा

---

1 Understand	2 Heaven
3 Hell	4 Union
5 Separation	6 Tears
7 Favour/Observation	8 Pearls
9 Value	10 Form/Appearance
11 Turn fidgety/Become obstinate	12 .Problem/Hardship
13 Unhappy heart	14 Pain
15 Aware of/Conversant with	16 Grief
17 Acquaintance	18 Temperament/Disposition
19 Buds	20 Flowers
21 Garden	

Un se izhaar-e-mohabbat[1] jo koii kartaa hai
Duur se us ko dikhaa dete hain turbat[2] merii

उन से इज़हार-ए-मोहब्बत जो कोई करता है
दूर से उस को दिखा देते हैं तुर्बत मेरी

Kah do ye kohkan[3] se ki marnaa nahiin kamaal[4]
Mar mar ke hijr-e-yaar[5] men jiinaa kamaal hai

कह दो ये कोहकन से कि मरना नहीं कमाल
मर मर के हिज़्र-ए-यार में जीना कमाल है

Aayaa na phir ke ek bhii kuuche[6] se yaar ke
Qaasid[7] gayaa nasiim[8] gaii naama-bar[9] gayaa

आया न फिर के एक भी कूचे से यार के
क़ासिद गया नसीम गई नाम-बर गया

Phod[10] duun kam-bakht[11] aaiine[12] kii aankh[13]
Saamne mere tujhe ghuuraa[14] kiyaa

फोड़ दूँ कम-बख़्त आईने की आँख
सामने मेरे तुझे घूरा किया

Qaid-e-sayyaad[15] men bulbul[16] kaa chahaknaa[17] na gayaa
Ab bhii samjhii na sabab[18] apnii giraftaarii[19] kaa

क़ैद-ए-सय्याद में बुलबुल का चहकना न गया
अब भी समझी न सबब अपनी गिरफ़्तारी का

---

1 *Declaration of love*	2 *Tomb/Grave*
3 *Mountain digger/Allusion to Farhad*	4 *Perfection*
5 *Separation from beloved*	6 *Lane*
7 *Messenger*	8 *Gentle breeze*
9 *Letter-carrier*	10 *Break*
11 *Wretched*	12 *Mirror*
13 *Eye*	14 *Stare*
15 *Imprisonment of captor*	16 *Nightingale*
17 *Chirping/Twittering*	18 *Reason*
19 *Imprisonment*	

Ek ham hain ki jahaan[1] jaaen bure[2] kahlaaen
Ek vo hain ki jahaan jaaen vahiin achchhe[3] hain

एक हम हैं कि जहां जाएं बुरे कहलाएं
एक वो हैं कि जहां जाएं वहीं अच्छे हैं

Jo puuchhaa[4] munh dikhaane[5] aap kab chilman[6] se niklenge[7]
To bole aap jis din hashr[8] men madfan[9] se niklenge

जो पूछा मुंह दिखाने आप कब चिलमन से निकलेंगे
तो बोले आप जिस दिन हश्र में मद्फ़न से निकलेंगे

Ai ishq kahiin le chal ye dair-o-haram[10] chhuuten[11]
In donon makaanon[12] men jhagdaa[13] nazar aataa hai

ऐ इश्क़ कहीं ले चल ये दैर-ओ-हरम छूटें
इन दोनों मकानों में झगड़ा नज़र आता है

Vo shaayad[14] ham se ab tark-e-taalluq[15] karne vaale hain
Hamaare dil[16] pe kuchh afsurdagii[17] sii chhaaii[18] jaatii hai

वो शायद हम से अब तर्क-ए-ताल्लुक़ करने वाले हैं
हमारे दिल पे कुछ अफ़्सुर्दगी सी छाई जाती है

Ai buto[19] ranj[20] ke saathii ho na aaraam[21] ke tum
Kaam22 hii jab nahiin aate ho to kis kaam ke[23] tum

ऐ बुतो रंज के साथी हो न आराम के तुम
काम ही जब नहीं आते हो तो किस काम के तुम

1	Wherever	2	Bad
3	Good	4	Asked
5	Show one's face	6	Screen/Blind
7	Emerge	8	Day of Judgement
9	Tomb/Grave	10	Temples and mosques
11	Escape	12	Abodes
13	Dispute/Quarrel	14	May be/Probably
15	Break of relationship	16	Heart
17	Distress/Depression	18	Overcast
19	Idols (beloved ones)	20	Grief
21	Comfort	22	Of use
23	Useful		

HAFEEZ JAUNPURI b 1865 d 1918

Tandurustii[1] se to behtar[2] thii mirii biimaarii[3]
Vo kabhii puuchh[4] to lete the ki haal[5] achchhaa hai

तंदुरुस्ती से तो बेहतर थी मिरी बीमारी
वो कभी पूछ तो लेते थे कि हाल अच्छा है

Qaid[6] men itnaa zamaana[7] ho gayaa
Ab qafas[8] bhii aashiyaana[9] ho gayaa

क़ैद में इतना ज़माना हो गया
अब क़फ़स भी आशियाना हो गया

Kaafir-e-ishq[10] ko kyaa dair-o-haram[11] se matlab[12]
Jis taraf[13] tuu hai udhar hii hamen sajda[14] karnaa

काफ़िर-ए-इश्क़ को क्या दैर-ओ-हरम से मतलब
जिस तरफ तू है उधर ही हमें सजदा करना

Un kii yaktaaii[15] kaa daavaa[16] mit gayaa
Aaine ne duusraa[17] paidaa[18] kiyaa

उन की यकताई का दावा मिट गया
आईने ने दूसरा पैदा किया

---

1 Health/Fitness	2 Better/Preferable
3 Illness	4 Ask
5 Condition/State	6 Inprisonment/Captivity
7 Era/Age	8 Cage/Prison
9 Garden	10 Infidel for being a lover/Idolator of love
11 Temple and mosque	12 Concern
13 Direction	14 Touching the ground with forehead
15 Uniqueness	16 Claim
17 Second/Another	18 Produced/Created

Unhon ne kyaa na kiyaa aur kyaa nahiin karte
Hazaar kuchh ho magar ik vafaa[1] nahiin karte

उन्हों ने क्या न किया और क्या नहीं करते
हज़ार कुछ हो मगर इक वफ़ा नहीं करते

Tasavvur[2] men tiraa dar[3] apne sar[4] tak khiinch letaa huun
Sitamgar[5] main nahiin chaltaa tirii diivaar[6] chaltii hai

तसव्वुर में तिरा दर अपने सर तक खींच लेता हूँ
सितमगर मैं नहीं चलता तिरी दीवार चलती है

Koii achchhaa nazar aa jaae to ik baat bhii hai
Yuun to parde men sabhii parda-nashiin[7] achchhe hain

कोई अच्छा नज़र आ जाए तो इक बात भी है
यूं तो परदे में सभी पर्दा-नशीं अच्छे हैं

Tamannaa[8] ik tarah kii jaan hai jo marte dam[9] nikle
Judaaii[10] ik tarah kii maut[11] hai jo jiite-jii[12] aae

तमन्ना इक तरह की जान है जो मरते दम निकले
जुदाई इक तरह की मौत है जो जीते-जी आए

But-khaane[13] men kyaa yaad-e-ilaahii[14] nahiin mumkin
Naaquus[15] se kyaa kaar-e-azaan[16] ho nahiin saktaa

बुत ख़ाने गें बया याद ए इलाही नहीं गुमकिन
नाकूस से क्या कार-ए-अज़ान हो नहीं सकता

1	Fulfilling one's promise	2	Imagination/Contemplation
3	Door	4	Head
5	Tyrant/Beloved	6	Wall
7	Those who are veiled	8	Yearning/Desire
9	Moment	10	Separation
11	Death	12	While alive
13	Temples	14	Contemplation of God
15	Conch shell blown by Hindus	16	Work of calling the faithful for prayers

BEKHUD BADAYUNI b 1857 d 1912

Haasil[1] us mah-laqaa[2] kii diid[3] nahiin

Eid hai aur ham ko eid nahiin

हासिल उस माह-लक़ा की दीद नहीं

ईद है और हम को ईद नहीं

Un kii hasrat[4] bhii nahiin main bhii nahiin dil bhii nahiin

Ab to 'bekhud' hai ye aalam[5] mirii tanhaai[6] kaa

उन की हसरत भी नहीं मैं भी नहीं दिल भी नहीं

अब तो 'बेख़ुद' है ये आलम मिरी तन्हाई का

Kabhii hayaa[7] unhen aaii kabhii ghuruur[8] aayaa

Hamaare kaam men sau sau tarah[9] futuur[10] aayaa

कभी हया उन्हें आई कभी गुरूर आया

हमारे काम में सौ सौ तरह फ़ुतूर आया

Na mudaaraat[11] hamaarii na aduu[12] se nafrat[13]

Na vafaa[14] hii tumhen aaii na jafaa[15] hii aaii

न मुदारात हमारी न अद्दू से नफरत

न वफ़ा ही तुम्हें आई न जफ़ा ही आई

---

1 Acquired/Obtained	2 Bright-faced like the moon/Beloved
3 Sight	4 Unfulfilled desire
5 Condition/State of affairs	6 Loneliness
7 Modesty	8 Pride/Haughtiness
9 Ways	10 Defect/Infirmity
11 Politeness/Courtesy	12 Rival/Enemy
13 Hate/Loathing	14 Keeping one's promise
15 Oppression/Cruelty	

SHAD AZIMABADI b 1846 d 1927

Khamoshii se musiibat[1] aur bhii sangiin[2] hotii hai
Tadap[3] ai dil tadapne se zaraa taskiin[4] hotii hai
ख़ामोशी से मुसीबत और भी संगीन होती है
तड़प ऐ दिल तड़पने से ज़रा तस्कीन होती है

Ab bhii ik umr pe jiine kaa na andaaz[5] aayaa
Zindagii chhod de piichhaa miraa main baaz aayaa[6]
अब भी इक उम्र पे जीने का न अंदाज़ आया
ज़िंदगी छोड़ दे पीछा मिरा मैं बाज़ आया

Dil-e-muztar[7] se puuchh ai raunaq-e-bazm[8]
Main khud aayaa nahiin laayaa gayaa huun
दिल-ए-मुज़्तर से पूछ ऐ रौनक़-ए-बज़्म
मैं खुद आया नहीं लाया गया हूँ

Tamannaaon[9] men uljhaayaa[10] gayaa huun
Khilaune de ke bahlaayaa[11] gayaa huun
तमन्नाओं में उलझाया गया हूँ
खिलौने दे के बहलाया गया हूँ

---

1 Adversity/Trouble	2 Weighty/Heavy
3 Agitated/Anxious	4 Appeased/Assuaged
5 Manner/Style	6 Had enough
7 Anxious heart	8 Splendour of the assembly/Beloved
9 Desires	10 Entangled
11 Pacified	

Jaise mirii nigaah[1] ne dekhaa na ho kabhii
Mahsuus[2] ye huaa tujhe har baar dekh kar

जैसे मिरी निगाह ने देखा न हो कभी
महसूस ये हुआ तुझे हर बार देख कर

Ye bazm-e-mai[3] hai yaan kotaah-dastii[4] men hai mahruumii[5]
Jo badh kar khud uthaa le haath men miinaa[6] usii kaa hai

ये बज़्म-ए-मये है यान कोताह-दस्ती में है महरूमी
जो बढ़ कर खुद उठा ले हाथ में मीना उसी का है

Main 'shad' tanhaa[7] ik taraf[8] aur duniyaa kii duniyaa ik taraf
Saaraa samundar[9] ik taraf aansuu kaa qatra[10] ik taraf

मैं 'शाद' तनहा इक तरफ़ और दुनिया की दुनिया इक तरफ
सारा समुन्दर इक तरफ़ आंसू का क़तरा इक तरफ़

Parvaanon[11] kaa to hashr[12] jo honaa thaa ho chukaa
Guzrii[13] hai raat shama[14] pe kyaa dekhte chalen

परवानों का तो हश्र जो होना था हो चुका
गुज़री है रात शमा पे क्या देखते चलें

Huun is kuuche[15] ke har zarre[16] se aagaah[17]
Idhar se muddaton[18] aayaa gayaa huun

हूँ इस कूचे के हर ज़र्रे से आगाह
इधर से मुद्दतों आया गया हूँ

---

1 Look/Glance	2 Feel/Perceive
3 Assembly of wine	4 Shortness of reach
5 Deprivation	6 Decanter of wine
7 Lonely	8 Side
9 Sea	10 Drop
11 Moths/Lovers	12 End result
13 Spent/Transpired	14 Lamp
15 Lane of beloved	16 Particle
17 Informed/Aware	18 For a long period of time

Izhaar-e-muddaaa[1] kaa iraada[2] thaa aaj kuchh
Tevar[3] tumhaare dekh ke khaamosh[4] ho gayaa

इज़हार-ए-मुद्दा का इरादा था आज कुछ
तेवर तुम्हारे देख के ख़ामोश हो गया

Hazaar[5] shukr[6] main tere sivaa[7] kisii kaa nahiin
Hazaar haif[8] ki ab tak huaa na tuu meraa

हज़ार शुक्र मैं तेरे सिवा किसी का नहीं
हज़ार हैफ़ कि अब तक हुआ न तू मेरा

Lahad[9] men kyuun na jaauun munh[10] chhupaae[11]
Bharii mahfil[12] se uthvaayaa gayaa huun

लहद में क्यूँ न जाऊं मुंह छुपाए
भरी महफ़िल से उठवाया गया हूँ

Ghunchon[13] ke muskuraane[14] pe kahte hain hans ke phuul
Apnaa karo khayaal[15] hamaarii to kat gaii

घुन्चों के मुस्कुराने पे कहते हैं हंस के फूल
अपना करो ख़याल हमारी तो कट गई

Tere biimaar-e-mohabbat[16] kii ye haalat[17] pahunchii
Ki hataayaa gayaa takiya[18] bhii sirhaane[19] vaalaa

तेरे बीमार-ए-मोहब्बत की ये हालत पहुंची
कि हटाया गया तकिया भी सिरहाने वाला

---

1 Expression of assertion of love	2 Intention
3 Peculiar appearance or disposition	4 Silent
5 Thousand	6 Thanks/Gratitude
7 Except	8 Sorrow
9 Grave/Tomb	10 Face
11 Hidden	12 Assembly
13 Buds	14 Smile
15 Thought	16 Love sick
17 State/Condition	18 Pillow
19 Under the head	

Ek sitam[1] aur laakh adaaen[2] uf[3] rii javaanii[4] haae zamaane
Tirchhii[5] nigaahen[6] tang[7] qabaaen[8] uf rii javaanii haae zamaane

एक सितम और लाख़ अदाएं उफ़ री जवानी हाए ज़माने
तिरछी निगाहें तंग क़बाएँ उफ़ री जवानी हाए ज़माने

Jiite jii ham to gham-e-fardaa[9] kii dhun men mar gae
Kuchh vahii achchhe hain jo vaaqif[10] nahiin anjaam[11] se

जीते जी हम तो ग़म-ए-फ़र्दा की धुन में मर गए
कुछ वही अच्छे हैं जो वाक़िफ़ नहीं अंजाम से

Milegaa ghair[12] bhii un ke gale ba-shauq[13] ai dil
Halaal[14] karne mujhe iid kaa hilaal[15] aayaa

मिलेगा ग़ैर भी उन के गले ब-शौक़ ऐ दिल
हलाल करने मुझे ईद का हिलाल आया

Talab[16] karen bhii to kyaa shai[17] talab karen ai 'shad'
Hamen to aap nahiin apnaa muddaaa[18] maaluum[19]

तलब करें भी तो क्या शै तलब करें ऐ 'शाद'
हमें तो आप नहीं अपना मुद्दा मालूम

Chaman[20] men jaa ke ham ne ghaur se[21] auraaq-e-gul[22] dekhe
Tumhaare husn[23] kii sharhen[24] likhii hain in risaalon[25] men

चमन में जा के हम ने ग़ौर से औराक़-ए-गुल देखे
तुम्हारे हुस्न की शरहेन लिखी हैं इन रिसालों में

1	Tyranny/Injustice	2	Coquetry/Amorous gestures
3	Ouch!	4	Youthfulness
5	Awry/Slanting	6	Looks/Glances
7	Tight	8	Garments
9	Tomorrow's sorrow	10	Aware
11	Result/Conclusion	12	Stranger/Rival
13	With pleasure	14	Slaughtered in the prescribed manner
15	New (crescent) moon	16	Crave/Desire
17	Object	18	Issue/Matter
19	Known/Evident	20	Garden
21	Closely	22	Petals of a flower
23	Beauty	24	Expositions
25	Magazines		

AKBAR ALLAHABADI b 1846 d 1921

Ham aah[1] bhii karte hain to ho jaate hain badnaam[2]
Vo qatl[3] bhii karte hain to charchaa[4] nahiin hotaa

हम आह भी करते हैं तो हो जाते हैं बदनाम
वो क़त्ल भी करते हैं तो चर्चा नहीं होता

Jo kahaa main ne ki pyaar aataa hai mujh ko tum par
Hans ke kahne lagaa aur aap ko aataa kyaa hai

जो कहा मैं ने कि प्यार आता है मुझ को तुम पर
हंस के कहने लगा और आप को आता क्या है

Mazhabii[5] bahs[6] main ne kii hii nahiin
Faaltuu[7] aql[8] mujh men thii hii nahiin

मज़हबी बहस मैं ने की ही नहीं
फ़ालतू अक़्ल मुझ में थी ही नहीं

Paidaa huaa vakiil[9] to shaitaan[10] ne kahaa
Lo aaj ham bhii saahib-e-aulaad[11] ho gae

पैदा हुआ वकील तो शैतान ने कहा
लो आज हम भी साहिब-ए-औलाद हो गए

1	Words expressing sorrow and grief	2	Notorious/Infamous
3	Murder	4	Talk/Discussion/Gossip
5	Relating to religion	6	Argument/Discussion
7	Useless	8	Intellect/Wisdom
9	Lawyer	10	Devil
11	Man with offspring		

Rahtaa hai ibaadat[1] men hamen maut[2] kaa khatkaa[3]
Ham yaad-e-khudaa[4] karte hain, kar le na khudaa yaad

रहता है इबादत में हमें मौत का खटका
हम याद-ए-ख़ुदा करते हैं, कर ले न ख़ुदा याद

Log kahte hain badaltaa[5] hai zamaana[6] sab ko
Mard[7] vo hain jo zamaane ko badal dete hain

लोग कहते हैं बदलता है ज़माना सब को
मर्द वो हैं जो ज़माने को बदल देते हैं

Ilaahii[8] kaisii kaisii suuraten[9] tuu ne banaaii hain
Ki har suurat kaleje[10] se lagaa lene ke qaabil[11] hai

इलाही कैसी कैसी सूरतें तू ने बनाई हैं
कि हर सूरत कलेजे से लगा लेने के क़ाबिल है

Hangaama[12] hai kyuun barpaa[13] thodii sii jo pii lii hai
Daakaa[14] to nahiin maaraa chorii[15] to nahiin kii hai

हंगामा है क्यूँ बरपा थोड़ी सी जो पी ली है
डाका तो नहीं मारा चोरी तो नहीं की है

Main bhii graduate huun tum bhii graduate
Ilmii[16] mubaahise[17] hon zaraa paas aa ke let

मैं भी ग्रेजुएट हूँ तुम भी ग्रेजुएट
इल्मी मुबाहिसे हों ज़रा पास आ के लेट

1	Worship	2	Death
3	Apprehension/Dread	4	Remembrance of God
5	Transform	6	World
7	Hero	8	My God!
9	Forms and figures	10	Liver/Heart
11	Deserving/Worth of	12	Tumult/Furore
13	On going/Continuing	14	Dacoity
15	Theft	16	Academic/Scholarly
17	Discussions		

B.A. bhii paas hon mile bii-bii bhii dil-pasand[1]
Mehnat[2] kii hai vo baat ye qismat[3] kii baat hai

B.A. भी पास हों मिले बी-बी भी दिल-पसंद
मेहनत की है वो बात ये क़िस्मत की बात है

Khudaa[4] se maang jo kuchh maangnaa hai ai 'akbar'
Yahii vo dar[5] hai ki zillat[6] nahiin savaal[7] ke baad

ख़ुदा से मांग जो कुछ मांगना है ऐ 'अकबर'
यही वो दर है कि ज़िल्लत नहीं सवाल के बाद

Khiincho[8] na kamaanon[9] ko na talvaar[10] nikaalo
Jab top muqaabil[11] ho to akhbaar[12] nikaalo

खींचो न कमानों को न तलवार निकालो
जब टॉप मुक़ाबिल हो तो अख़बार निकालो

Ham kyaa kahen ahbaab[13] kyaa kaar-e-numaayaan[14] kar gae
B.A. hue naukar[15] hue pension milii phir mar gae

हम क्या कहें अहबाब क्या कार-ए-नुमायां कर गए
B.A. हुए नौकर हुए पेंशन मिली फिर मर गए

Ham aisii kul kitaaben[16] qaabil-e-zabtii[17] samajhte hain
Ki jin ko padh ke ladke baap ko khabtii[18] samajhte hain

हम ऐसी कुल किताबें क़ाबिल-ए-ज़ब्ती समझते हैं
कि जिन को पढ़ के लड़के बाप को ख़ब्ती समझते हैं

1	Delightful to the heart	2	Hard work/Toil
3	Fate/Destiny	4	God
5	Doorway	6	Disgrace/Humiliation
7	Request/Petition	8	Pull
9	Bows	10	Swords
11	In opposition to/Face to face	12	Newspaper
13	Friends	14	Prominent action
15	Salaried employee	16	Books
17	Deserving to be confiscated	18	Crazy

Lipat[1] bhii jaa na ruk 'akbar' ghazab[2] kii beauty hai
Nahiin[3] nahiin pe na jaa ye hayaa[4] kii duty hai

लिपट भी जा न रुक 'अकबर' ग़ज़ब की ब्यूटी है
नहीं नहीं पे न जा ये हया की ड्यूटी है

Vasl[5] ho yaa firaaq[6] ho 'akbar'
Jaagnaa raat bhar musiibat[7] hai

वस्ल हो या फ़िराक़ हो 'अकबर '
जागना रात भर मुसीबत है

Tifl[8] men buu[9] aae kyaa maan baap ke atvaar[10] kii
Duudh[11] to dibbe[12] kaa hai taaliim[13] hai sarkaar kii

तिफ़्ल में बू आए क्या मां बाप के अतवार की
दूध तो डिब्बे का है तालीम है सरकार की

Haqiiqii[14] aur majaazii[15] shaaeri men farq[16] ye paayaa
Ki vo jaame[17] se baahar hai ye paajaame se baahar hai

हक़ीक़ी और मजाज़ी शायरी में फ़र्क़ ये पाया
कि वो जामे से बाहर है ये पाजामे से बाहर है

Is qadar[18] thaa khatmalon[19] kaa chaarpaaii[20] men hujuum[21]
Vasl[22] kaa dil se mire armaan[23] rukhsat[24] ho gayaa

इस क़दर था खटमलों का चारपाई में हुज़ूम
वस्ल का दिल से मीरे अरमान रुख़्सत हो गया

---

1 Embrace	2 Intense/Awe-inspiring
3 No/Denial	4 Modesty
5 Union	6 Separation
7 Misery	8 Infancy/Childhood
9 Scent	10 Behaviour/Manners
11 Milk	12 Box/Tin
13 Education/Instruction	14 Real/True/Actual
15 Figurative/Metaphorical	16 Distinction/Difference
17 Collection/Compilation	18 Extent
19 Bed-bugs	20 Charpoy
21 Swarm/Throng	22 Sexuak union
23 Yearning/Longing	24 Leave/Depart

Dhamkaa[1] ke bose[2] luungaa rukh-e-rashk-e-maah[3] kaa
Chandaa[4] vasuul[5] hotaa hai saahab dabaav[6] se

धमका के बोसे लूँगा रुख़-ए-रश्क-ए-माह का
चन्दा वसूल होता है साहब दबाव से

Ishva[7] bhii hai shokhii[8] bhii tabassum[9] bhii hayaa[10] bhii
Zaalim[11] men aur ik baat hai is sab ke sivaa bhii

ईश्वा भी है शोख़ी भी तबस्सुम भी हया भी
ज़ालिम में और इक बात है इस सब के सिवा भी

Jab gham[12] huaa chadhaa[13] liin do botalen[14] ikatthii[15]
Mullaa[16] kii daud[17] masjid 'akbar' kii daud bhattii[18]

जब ग़म हुआ चढ़ा लीं दो बोतलें इकट्टी
मुल्ला की दौड़ मस्जिद 'अकबर' की दौड़ भट्टी

Leaderon kii dhuum[19] hai aur follower koii nahiin
Sab to general hain yahaan aakhir sipaahii[20] kaun hai

लीडरों की धूम है और फॉलोवर कोई नहीं
सब तो जनरल हैं यहां आख़िर सिपाही कौन है

Sau[21] jaan[22] se ho jaauungaa raazii[23] main sazaa[24] par
Pahle vo mujhe apnaa gunahgaar[25] to kar le

सौ जान से हो जाऊँगा राज़ी मैं सज़ा पर
पहले वो मुझे अपना गुनहगार तो कर ले

1	Threaten	2	Kisses
3	Beautiful face which the moon envies	4	Donation
5	Realize/Collect	6	Pressure
7	Coquetry	8	Playfulness
9	Smile	10	Modesty
11	Tyrant/Beloved	12	Sorrow
13	Quaffed/Drank heartily	14	Bottles
15	Together	16	Teacher/Priest
17	Access/Approach	18	Distillery
19	Fame/Pomp	20	Foot soldier
21	Hundred	22	Lives
23	Agreeable	24	Punishment
25	Sinner		

Tayyaar[1] the namaaz pe ham sun ke zikr-e-huur[2]

Jalva[3] buton[4] kaa dekh ke niiyat[5] badal gaii

तैयार थे नमाज़ पे हम सुन के ज़िक्र-ए-हूर

जलवा बुतों का देख के नीयत बदल गई

Ye dilbarii[6] ye naaz[7] ye andaaz[8] ye jamaal[9]

Insaan[10] kare agar na tirii chaah[11] kyaa kare

ये दिलबरी ये नाज़ ये अंदाज़ ये जमाल

इंसान करे अगर न तिरी चाह क्या करे

Aashiqii[12] kaa ho buraa us ne bigaade[13] saare kaam

Ham to ab men rahe aghyaar[14] B.A. ho gae

आशिक़ी का हो बुरा उस ने बिगाड़े सारे काम

हम तो अब में रहे अघ्यार B.A. हो गए

College se aa rahii hai sadaa[15] paas paas kii

Ohdon[16] se aa rahii hai sadaa duur duur kii

कॉलेज से आ रही है सदा पास पास की

ओहदों से आ रही है सदा दूर दूर की

Kis naaz[17] se kahte hain vo jhunjhlaa[18] ke shab-e-vasl[19]

Tum to hamen karvat[20] bhii badalne[21] nahiin dete

किस नाज़ से कहते हैं वो झुंझला के शब़-ए-वस्ल

तुम तो हमें करवट भी बदलने नहीं देते

1	Prepared/Ready	2	Description of celestial beauties
3	Splendour/Appearance/Revelation	4	Idols/Beloved ones
5	Intention	6	Loveliness/State of being a beloved
7	Grace	8	Loving gestures/Coquetry
9	Elegance	10	Human being
11	Desire	12	State of being in love
13	Spoilt	14	Rivals/Competitors
15	Sound/Call	16	Employments/Appointments
17	Coquetry/Dalliance	18	Irritate
19	Night of sexual union	20	Side on which one sleeps
21	Change		

JALAL LAKHNAVI b 1832 d 1909

Shab[1] ko mai[2] khuub[3] sii pii subh[4] ko tauba[5] kar lii
Rind[6] ke rind rahe haath se jannat[7] na gaii

शब् को मय ख़ूब सी पी सुबह को तौबा कर ली
रिन्द के रिन्द रहे हाथ से जन्नत न गई

Ishq[8] kii chot[9] kaa kuchh dil pe asar[10] ho to sahii
Dard kam[11] ho yaa ziyaada[12] ho magar ho to sahii

इश्क़ की चोट का कुछ दिल पे असर हो तो सही
दर्द कम हो या ज़ियादा हो मगर हो तो सही

Na ho barham[13] jo bosa[14] be-ijaazat[15] le liyaa main ne
Chalo jaane do betaabii[16] men aisaa ho hii jaataa hai

न हो बरहम जो बोसा बे-इजाज़त ले लिया मैं ने
चलो जाने दो बेताबी में ऐसा हो ही जाता है

'Jalaal' ahd-e-javaanii[17] hai doge dil sau baar
Abhii kii tauba[19] nahiin etibaar[19] ke qaabil[20]

'जलाल' अहद-ए-जवानी है दोगे दिल सौ बार
अभी की तौबा नहीं एतिबार के क़ाबिल

1	Night	2	Wine
3	A large quantity	4	Morning
5	Repentance	6	Drunkard
7	Heaven	8	All-consuming love
9	Bruise/Blow	10	Effect
11	Less	12	More/Excessive
13	Angry/Displeased	14	Kiss
15	Without permission	16	Eagerness/Impatience
17	Age of youth	18	Hundred
19	Repentance	20	Trust/Belief

DAGH DEHELVI b 1831 d 1905

Sab log jidhar vo hain udhar dekh rahe hain
Ham dekhne vaalon kii nazar[1] dekh rahe hain

सब लोग जिधर वो हैं उधर देख रहे हैं
हम देखने वालों की नज़र देख रहे हैं

Shab-e-visaal[2] hai gul[3] kar do in charaaghon[4] ko
Khushii kii bazm[5] men kyaa kaam jalne vaalon kaa

शब्-ए-विसाल है गुल कर दो इन चराग़ों को
खुशी की बज़्म में क्या काम जलने वालों का

Khabar[6] sun kar mire marne kii vo bole raqiibon[7] se
Khudaa bakhshe[8] bahut sii khuubiyaan[9] thiin marne vaale men

ख़बर सुन कर मिरे मरने की वो बोले रक़ीबों से
ख़ुदा बख़्शे बहुत सी ख़ूबियाँ थीं मरने वाले में

Lipat[10] jaate hain vo bijlii[11] ke dar se
Ilaahii[12] ye ghataa[13] do din to barse[14]

लिपट जाते हैं वो बिजली के दर से
इलाही ये घटा दो दिन तो बरसे

1	Vision/View	2	Night of sexual union
3	Extinguish	4	Lamps
5	Assembly/Congregation	6	News
7	Rivals/Competitors	8	Pardon/Condone
9	Virtues	10	Embrace
11	Lightning	12	My God!
13	Clouds	14	Rains

Le chalaa jaan mirii ruuth[1] ke jaanaa teraa
Aise aane se to behtar[2] thaa na aanaa teraa

ले चला जां मिरी रूठ के जाना तेरा
ऐसे आने से तो बेहतर था न आना तेरा

Dii shab-e-vasl[3] moazzin[4] ne azaan[5] pichhlii[6] raat
Haae kam-bakht[7] ko kis vaqt[8] khudaa yaad aayaa

दी शब्-ए-वस्ल मोअज़्ज़िन ने अज़ान पिछली रात
हाए कम-बख़्त को किस वक़्त ख़ुदा याद आया

Urdu hai jis kaa naam hamiin jaante hain 'daagh'
Hindostaan men dhuum[9] hamaarii zabaan[10] kii hai

उर्दू है जिस का नाम हमीं जानते हैं 'दाग़'
हिन्दोस्तान में धूम हमारी ज़बान की है

Nahiin khel ai 'daagh' yaaron[11] se kah do
Ki aatii hai urdu zabaan[12] aate aate

नहीं खेल ऐ 'दाग़' यारों से कह दो
कि आती है उर्दू ज़बान आते आते

Chup-chaap[13] suntii rahtii hai pahron[14] shab-e-firaaq[15]
Tasviir-e-yaar[16] ko hai mirii guftuguu[17] pasand

चुप-चाप सुनती रहती है पहरों शब्-ए-फ़िराक़
तस्वीर-ए-यार को है मिरी गुफ़्तुगू पसंद

---

1 Angry/Displeased	2 Preferable
3 Night of sexual union	4 Person who calls Muslims to prayer
5 Muslim's call to prayer	6 Previous
7 Unfortunate/Ill-fated	8 Time
9 Fame/Tumult/Uproar	10 Language
11 Friends	12 Language
13 Silently/Stealthily	14 Many hours
15 Night of separation	16 Picture of the beloved
17 Conversation/Chitchat	

Badaa mazaa[1] ho jo mahshar[2] men ham karen shikva[3]
Vo minnaton[4] se kahen chup raho khudaa ke liye

बड़ा मज़ा हो जो महशर में हम करें शिक़वा
वो मिन्नतों से कहें चुप रहो ख़ुदा के लिए

Ye to nahiin ki tum saa jahaan[5] men hasiin[6] nahiin
Is dil ko kyaa karuun ye bahaltaa[7] kahiin nahiin

ये तो नहीं कि तुम सा जहां में हसीं नहीं
इस दिल को क्या करूँ ये बहलता कहीं नहीं

Rahaa na dil men vo bedard[8] aur dard[9] rahaa
Muqiim[10] kaun huaa hai maqaam[11] kis kaa thaa

रहा न दिल में वो बेदर्द और दर्द रहा
मुक़ीम कौन हुआ है मक़ाम किस का था

Ye to kahiye is khataa[12] kii kyaa sazaa[13]
Main jo kah duun aap par martaa huun main

ये तो कहिये इस ख़ता की क्या सज़ा
मैं जो कह दूँ आप पर मरता हूँ मैं

Kahne detii nahiin kuchh munh se mohabbat[14] merii
Lab[15] pe rah jaatii hai aa aa ke shikaayat[16] merii

कहने देती नहीं कुछ मुंह से मोहब्बत मेरी
लब पे रह जाती है आ आ के शिकायत मेरी

1	Fun/Amusement	2	Day of judgement/Doomsday
3	Complaint	4	To plead and beg
5	World	6	Beautiful
7	Pacifed/Amused	8	Beloved/Having no compassion
9	Ache/Pain	10	Inhabitant
11	Location/Halt	12	Mistake/Error
13	Punishment	14	Romantic love
15	Lips	16	Complaint/Grievance

Saaqiyaa[1] tishnagii[2] kii taab[3] nahiin
Zahr[4] de de agar sharaab[5] nahiin

साक़िया तिश्रगी की ताब नहीं
ज़हर दे दे अगर शराब नहीं

Arz-e-ahvaal[6] ko gilaa[7] samjhe
Kyaa kahaa main ne aap kyaa samjhe

अर्ज़-ए-अहवाल को गिला समझे
क्या कहा मैं ने आप क्या समझे

Falak[8] detaa hai jin ko aish[9] un ko gham[10] bhii hote hain
Jahaan bajte hain naqqaare[11] vahaan maatam[12] bhii hotaa hai

फ़लक देता है जिन को ऐश उन को ग़म भी होते हैं
जहां बजते हैं नक़्क़ारे वहां मातम भी होता है

Tum ko chaahaa to khataa[13] kyaa hai bataa do mujh ko
Duusraa[14] koi to apnaa saa dikhaa do mujh ko

तुम को चाहा तो ख़ता क्या है बता दो मुझ को
दूसरा कोई तो अपना सा दिखा दो मुझ को

Naa-umiidii[15] badh gaii hai is qadar[16]
Aarzuu[17] kii aarzuu hone lagii

ना-उमीदी बढ़ गई है इस क़दर
आरज़ू की आरज़ू होने लगी

---

1 O! Bar-tender

2 Thirst/Longing

3 Capacity

4 Poison

5 Wine

6 Expressing the situation & happenings

7 Complaint

8 Sky/Heaven

9 Life of luxury and comfort

10 Sorrow

11 Drums beaten to celebrate

12 Mourning and lamentation

13 Mistake/Fault

14 Another/Equal

15 Hopelessness

16 Extent/Amount

17 Desire and longing

Ud gaii yuun vafaa[1] zamaane[2] se
Kabhii goyaa[3] kisii men thii hii nahiin

उड़ गई यूं वफ़ा ज़माने से
कभी गोया किसी में थी ही नहीं

Koii naam-o-nishaan[4] puuchhe to ai qaasid[5] bataa denaa
Takhallus[6] 'daagh' hai vo aashiqon[7] ke dil men rahte hain

कोई नाम-ओ-निशाँ पूछे तो ऐ क़ासिद बता देना
तख़ल्लुस 'दाग़' है वो आशिक़ों के दिल में रहते हैं

Saath shokhii[8] ke kuchh hijaab[9] bhii hai
Is adaa[10] kaa kahiin javaab[11] bhii hai

साथ शोख़ी के कुछ हिजाब भी है
इस अदा का कहीं जवाब भी है

Abhii kam-sin[12] ho rahne do kahiin kho doge dil meraa
Tumhaare hii liye rakkhaa[13] hai le lenaa javaan[14] ho kar

अभी कम-सिन हो रहने दो कहीं खो दोगे दिल मेरा
तुम्हारे ही लिए रक्खा है ले लेना जवान हो कर

Ye sair[15] hai ki dupatta[16] udaa rahii hai havaa
Chhupaate[17] hain jo vo siina[18] kamar[19] nahiin chhuptii

ये सैर है कि दुपट्टा उड़ा रही है हवा
छुपाते हैं जो वो सीना कमर नहीं छुपती

---

1 Fulfilling or keeping a promise	2 World
3 As if	4 Name and signs
5 Messenger	6 Pen-name of a poet
7 Lovers	8 Coquetry/Playfulness
9 Veil to conceal the face out of modesty	10 Style/Amorous signs/Coquetry
11 Response/Answer	12 Of tender age
13 Kept safe	14 Youthful
15 Amusement	16 Cloth worn on the face & shoulders
17 Hiding	18 Breast
19 Waist	

Tumhaare khat[1] men nayaa ik salaam[2] kis kaa thaa
Na thaa raqiib[3] to aakhir[4] vo naam kis kaa thaa

तुम्हारे ख़त में नया इक सलाम किस का था
न था रक़ीब तो आख़िर वो नाम किस का था

Uzr[5] aane men bhii hai aur bulaate bhii nahiin
Baais-e-tark-e-mulaaqaat[6] bataate bhii nahiin

उज़्र आने में भी है और बुलाते भी नहीं
बाइस-ए-तर्क-ए-मुलाक़ात बताते भी नहीं

Is vahm[7] men vo 'daagh' ko marne nahiin dete
Maashuuq[8] na mil jaae kahiin zer-e-zamiin[9] aur

इस वहम में वो 'दाग़' को मरने नहीं देते
माशूक़ न मिल जाए कहीं ज़ेर-ए-ज़मीन और

Shab-e-vasl[10] zid[11] men basar[12] ho gaii
Nahiin hote hote sahar[13] ho gaii

शब्-ए-वस्ल ज़िद में बसर हो गई
नहीं होते होते सहर हो गई

Kahnaa kisii kaa subh-e-shab-e-vasl[14] naaz[15] se
Hasrat[16] tumhaarii jaan[17] hamaarii nikal gaii

कहना किसी का सुबह-ए-शब्-ए-वस्ल नाज़ से
हसरत तुम्हारी जां हमारी निकल गई

1	Letter/Message	2	Salutation/Greeting
3	Rival in love	4	After all
5	Excuse/Apology/Regret/Denial	6	Reason for renouncing meetings
7	Delusion/Fear	8	Beloved/Love-interest
9	Under the ground	10	Night of sexual union
11	Stubborn refusal	12	Spent
13	Dawn	14	Morning after night of sexual union
15	Coquetry/Playfulness	16	Unfulfilled desire
17	Life		

AMEER MINAI b 1829 d 1900

Tum ko aataa hai pyaar par ghussa[1]
Mujh ko ghusse pe pyaar aataa hai

तुम को आता है प्यार पर गुस्सा
मुझ को गुस्से पे प्यार आता है

Kashtiyaan[2] sab kii kinaare[3] pe pahucch jaatii hain
Naakhudaa[4] jin kaa nahiin un kaa khudaa[5] hotaa hai

कश्तियाँ सब की किनारे पे पहुँच जाती हैं
नाख़ुदा जिन का नहीं उन का ख़ुदा होता है

Gaahe[6] gaahe kii mulaaqaat[7] hii achchhii hai 'amiir'
Qadr[8] kho[9] detaa hai har roz[10] kaa aanaa jaanaa

गाहे गाहे की मुलाक़ात ही अच्छी है 'अमीर'
क़द्र खो देता है हर रोज़ का आना जाना

Khanjar[11] chale kisii pe tadapte[12] hain ham 'amiir'
Saare jahaan[13] kaa dard hamaare jigar[14] men hai

खंजर चले किसी पे तड़पते हैं हम 'अमीर'
सारे जहां का दर्द हमारे जिगर में है

---

1 Anger	2 Boats
3 Side/Banks of the river	4 Boatman
5 God	6 Sometime/Occasionally
7 Meeting	8 Value/Appreciation
9 Lose	10 Daily
11 Dagger	12 Agonize/Become anxious
13 World	14 Heart/Innermost part

Kaun sii jaa[1] hai jahan jalva-e-maashuuq[2] nahiin
Shauq-e-diidaar[3] agar hai to nazar[4] paidaa kar

कौन सी जा है जहाँ जलवा-ए-माशूक़ नहीं
शौक़-ए-दीदार अगर है तो नज़र पैदा कर

Hue naamvar[5] be-nishaan[6] kaise kaise
Zamiin[7] khaa gaii aasmaan[8] kaise kaise

हुए नामवर बे-निशाँ कैसे कैसे
ज़मीन खा गई आसमान कैसे कैसे

Abhii aae abhii jaate ho jaldii kyaa hai dam[9] le lo
Na chheduungaa[10] main jaisii chaahe tum mujh se qasam[11] le lo

अभी आए अभी जाते हो जल्दी क्या है दम ले लो
न छेड़ूँगा मैं जैसी चाहे तुम मुझ से क़सम ले लो

Aankhen dikhlaate ho joban[12] to dikhaao saahab
Vo alag baandh ke rakkhaa hai jo maal[13] achchhaa hai

आँखें दिखलाते हो जोबन तो दिखाओ साहब
वो अलग बाँध के रक्खा है जो माल अच्छा है

Kisii raiis[14] kii mahfil[15] kaa zikr[16] hii kyaa hai
Khudaa ke ghar bhii na jaaenge bin bulaae hue

किसी रईस की महफ़िल का ज़िक्र ही क्या है
ख़ुदा के घर भी न जाएंगे बिन बुलाए हुए

1	Place	2	Vision of the beloved
3	Intense desire for seeing	4	Vision
5	Renowned/Famous	6	Without a mark or sign
7	Earth	8	Sky
9	Breath	10	Will tease
11	Oath/Vow	12	Youthfulness
13	Wares/Stock of goods	14	Rich person
15	Assembly	16	Mention/Reference

Jo chaahiye so maangiye allaah se 'amiir'
Us dar[1] pe aabruu[2] nahiin jaatii savaal[3] se

जो चाहिए सो मांगिये अल्लाह से 'अमीर'
उस दर पे आबरू नहीं जाती सवाल से

Javaan[4] hone lage jab vo to ham se kar liyaa parda[5]
Hayaa[6] yak-lakht[7] aaii aur shabaab[8] aahista aahista

जवान होने लगे जब वो तो हम से कर लिया पर्दा
हया यक-लख़्त आई और शबाब आहिस्ता आहिस्ता

Allaah-re[9] us gul kii kalaaii[10] kii nazaakat[11]
Bal[12] khaa gaii jab bojh[13] padaa rang-e-hinaa[14] kaa

अल्लाह-रे उस गुल की कलाई की नज़ाकत
बल खा गई जब बोझ पड़ा रंग-ए-हिना का

Bosa[15] liyaa jo us lab-e-shiiriin[16] kaa mar gae
Dii jaan ham ne chashma-e-aab-e-hayaat[17] par

बोसा लिया उस लब-ए-शीरीं का मर गए
दी जां हम ने चश्मा-ए-आब-ए-हयात पर

Aayaa na ek baar ayaadat[18] ko tuu masiih[19]
Sau baar main fareb[20] se biimaar ho chukaa

आया न एक बार अयादत को तू मसीह
सौ बार मैं फ़रेब से बीमार हो चुका

1	Door	2	Respect/Esteem
3	Request/Begging	4	Adolescent/Youthful
5	Veil	6	Modesty/Shyness
7	All of a sudden	8	Prime of life/Youthfulness
9	O God!	10	Wrist
11	Delicacy	12	Twist/Kink
13	Burden/Weight	14	Colour of henna
15	Kiss	16	Sweet lips
17	Stream of elixir of life	18	Visiting the sick
19	Beloved (Metaphorically)	20	Deception/Fraud

Baad marne ke bhii chhodii na rifaaqat[1] merii
Merii turbat[2] se lagii baithii hai hasrat[3] merii

बाद मरने के भी छोड़ी न रिफ़ाक़त मेरी
मेरी तुर्बत से लगी बैठी है हसरत मेरी

Saarii duniyaa ke hain vo mere sivaa[4]
Main ne duniyaa chhod dii jin ke liye

सारी दुनिया के हैं वो मेरे सिवा
मैं ने दुनिया छोड़ दी जिन के लिए

Shab-e-furqat[5] kaa jaagaa huun farishto[6] ab to sone do
Kabhii fursat[7] men kar lenaa hisaab[8] aahista aahista

शब्-ए-फुरक़त का जागा हूँ फ़रिश्तो अब तो सोने दो
कभी फुर्सत में कर लेना हिसाब आहिस्ता आहिस्ता

Aahon[9] se soz-e-ishq[10] mitaayaa[11] na jaaegaa
Phuunkon[12] se ye charaagh[13] bujhaayaa[14] na jaaegaa

आहों से सोज़-ए-इश्क़ मिटाया न जाएगा
फूँकों से ये चराग़ बुझाया न जाएगा

Ye bhii ik baat hai adaavat[15] kii
Roza[16] rakkhaa jo ham ne daavat[17] kii

ये भी इक बात है अदावत की
रोज़ा रक्खा जो हम ने दावत की

---

1 Companionship	2 Grave/Tomb
3 Unfulfilled desire	4 Except/But
5 Night of separation	6 Angels
7 Leisure/Free time	8 Accounting
9 Sighs	10 Fire of love
11 Eliminate	12 The act of blowing one's breath
13 Lamp	14 Extinguish
15 Malice/Animosity	16 Fasting
17 Invitation to a feast	

Lutf[1] aane lagaa jafaaon[2] men
Vo kahiin mehrbaan[3] na ho jaae

लुत्फ़ आने लगा जफ़ाओं में
वो कहीं मेहरबान न हो जाए

Barhaman[4] dair[5] se kaabe[6] se phir[7] aae haajii[8]
Tere dar[9] se na saraknaa[10] thaa na sarke aashiq[11]

बरहमन दैर से काबे से फिर आए हाजी
तेरे दर से न सरकना था न सरके आशिक़

Kartaa main dardmand[12] tabiibon[13] se kyaa rujuua[14]
Jis ne diyaa thaa dard badaa vo haakim[15] thaa

करता मैं दर्दमंद तबीबों से क्या रुजूअ
जिस ने दिया था दर्द बड़ा वो हाकिम था

Qariib[16] hai yaar roz-e-mahshar[17] chhupegaa[18] kushton[19] kaa qatl[20] kyuunkar[21]
Jo chup rahegii zabaan-e-khanjar[22] lahuu[23] pukaaregaa[24] aastiin[25] kaa

क़रीब है यार रोज़-ए-महशर छुपेगा कुश्तों का क़त्ल क्यूँकर
जो चुप रहेगी ज़बान-ए-खंजर लहू पुकारेगा आस्तीन का

Masjid men bulaate hain hamen zaahid-e-naa-fahm[26]
Hotaa kuchh agar hosh[27] to mai-khaane[28] na jaate

मस्जिद में बुलाते हैं हमें ज़ाहिद-ए-ना-फ़हम
होता कुछ अगर होश तो मय-ख़ाने न जाते

1	Enjoyment/Pleasure	2	Tyranny and oppression of the beloved
3	Kind and considerate	4	Brahman
5	Temple	6	Cube-shaped stone in Mecca mosque
7	Return	8	One who has made a Mecca pilgrimage
9	Door	10	Shift aside stealthily
11	Infatuated lovers	12	Well-wisher/Sympathizer
13	Physicians	14	Consultation
15	One in authority or power/Judge	16	Close at hand/Almost adjacent
17	Day of resurrection or judgement	18	Stay hidden
19	Those killed	20	Murder
21	How/Why	22	Tongue (blade) of the dagger
23	Blood	24	Call forth
25	Blood-soaked sleeve of garment	26	Preacher who is ignorant
27	Senses	28	Wine tavern

Naavak-e-naaz[1] se mushkil[2] hai bachaanaa[3] dil kaa
Dard[4] uth uth ke bataataa hai thikaanaa[5] dil kaa

नावक-ए-नाज़ से मुश्किल है बचाना दिल का
दर्द उठ उठ के बताता है ठिकाना दिल का

Vaae[6] qismat[7] vo bhii kahte hain buraa
Ham bure sab se hue jin ke liye

वाए क़िस्मत वो भी कहते हैं बुरा
हम बुरे सब से हुए जिन के लिए

Kabaab-e-siikh[8] hain ham karvaten[9] har-suu[10] badalte hain
Jal[11] uthtaa hai jo ye pahluu[12] to vo pahluu badalte hain

कबाब-ए-सीख़ हैं हम करवटें हर-सू बदलते हैं
जल उठता है जो ये पहलू तो वो पहलू बदलते हैं

Baaten naaseh[13] kii suniin yaar ke nazzaare[14] kiye
Aankhen jannat[15] men rahiin kaan jahannam[16] men rahe

बातें नासेह की सुनीं यार के नज़्ज़ारे किये
आँखें जन्नत में रहीं कान जहन्नम में रहे

Baaghbaan[17] kaliyaan[18] hon halke[19] rang kii
Bhejnii hain ek kam-sin[20] ke liye

बाग़बान कलियाँ हों हल्के रंग की
भेजनी हैं एक कम-सिन के लिए

1	Arrows of love	2	Difficult
3	Keep safe/Protect	4	Heartache/Pain
5	Location/Dwelling place	6	Alas!
7	Destiny	8	Mince-meat roasted on a skewer
9	Turning to one's sides while sleeping	10	In all directions
11	Burns	12	Side/Flank/Point of view
13	Preacher	14	Sight/Panorama/Spectacle
15	Heaven	16	Hell
17	Gardener	18	Flower buds
19	Light	20	Tender and beautiful

MUNIR SHIKOHABADI b 1814 d 1880

Jaatii hai duur baat nikal kar zabaan[1] se

Phirtaa[2] nahiin vo tiir[3] jo niklaa kamaan[4] se

जाती है दूर बात निकल कर ज़बान से

फ़िरता नहीं वो तीर जो निकला कमान से

Ehsaan[5] nahiin khvaab[6] men aae jo mire paas

Chorii[7] kii mulaaqaat[8] mulaaqaat nahiin hai

एहसान नहीं ख़्वाब में आए जो मिरे पास

चोरी की मुलाक़ात मुलाक़ात नहीं है

Mahruum[9] huun main khidmat-e-ustaad[10] se 'muniir'

Kalkatta mujh ko gor[11] se bhii tang[12] ho gayaa

महरूम हूँ मैं ख़िदमत-ए-उस्ताद से 'मुनीर'

कलकत्ता मुझ को गोर से भी तंग हो गया

Dekhaa hai aashiqon[13] ne barahman[14] kii aankh se

Har but[15] khudaa[16] hai chaahne vaalon[17] ke saamne[18]

देखा है आशिक़ों ने बरहमन की आँख से

हर बुत ख़ुदा है चाहने वालों के सामने

---

1   Tongue

3   Arrow

5   Conferring of obligation/Good deed

7   By stealth/Secretly

9   Deprived of favour or hope

11 Tomb

13 Lovers

15 Idol/Beloved

17 Those who desire

2   Returns

4   Bow

6   Dream

8   Meeting

10 Service of the teacher or master

12 Confined

14 Brahman/Hindu devoted to worship

16 God

18 In the eyes of

Bosa-e-lab[1] ghair[2] ko dete ho tum
Munh[3] miraa miithaa[4] kiyaa jaataa nahiin
बोसा-ए-लब ग़ैर को देते हो तुम
मुंह मिरा मीठा किया जाता नहीं

Garmii-e-husn[5] kii midhat[6] kaa silaa[7] lete hain
Mishalen[8] aap ke saae[9] se jalaa lete hain
गर्मी-ए-हुस्न की मिदहत का सिला लेते हैं
मिशालें आप के साए से जला लेते हैं

Shaikh[10] le hai raah kaabe[11] kii barahman[12] dair[13] kii
Ishq kaa rasta judaa[14] hai kufr[15] aur islaam se
शैख़ ले है राह काबे की बरहमन दैर की
इश्क़ का रास्ता जुदा है कुफ़्र और इस्लाम से

Paayaa tabiib[16] ne jo tirii zulf[17] kaa mariiz[18]
Shaamil[19] davaa[20] men mushk-e-shab-e-taar[21] kar diyaa
पाया तबीब ने जो तिरी ज़ुल्फ़ का मरीज़
शामिल दवा में मुश्क-ए-शब्-ए-तार कर दिया

Be-ilm[22] shaairon[23] kaa gila[24] kyaa hai ai 'muniir'
Hai ahl-e-ilm[25] ko tiraa tarz-e-bayaan[26] pasand
बे-इल्म शायरों का गिला क्या है ऐ 'मुनीर'
है अहल-ए-इल्म को तिरा तर्ज़-ए-बयान पसंद

1	Kiss on the mouth	2	Stranger/Rival
3	Mouth	4	Sweet
5	Warmth or passion of beauty	6	Praise/Applause
7	Gift/Reward	8	Torches
9	Shadow	10	Muslim preacher
11	Mosque	12	Brahman
13	Temple	14	Distinct/Separate
15	Unbelieving/Non-Islamic	16	Doctor/Physician
17	Tresses of hair	18	Ill/Ailing/Afflicted
19	Include/Mix	20	Medicine
21	Musk of dark night	22	Without knowledge/Illiterate
23	Poets	24	Grievance/Complaint
25	People of knowledge/Erudite	26	Style of recitation or narration

Kab paan[1] raqiibon[2] ko inaayat[3] nahiin hote
Kis roz mire qatl[4] kaa biidaa[5] nahiin uthtaa

कब पान रक़ीबों को इनायत नहीं होते
किस रोज़ मिरे क़त्ल का बीड़ा नहीं उठता

Farz[6] hai dariyaa-dilon[7] par khaaksaaron[8] kii madad[9]
Farsh[10] sahraa[11] ke liye laazim[12] huaa sailaab[13] kaa

फ़र्ज़ है दरिया-दिलों पर ख़ाकसारों की मदद
फ़र्श सहरा के लिए लाज़िम हुआ सैलाब का

Vahaan pahunch nahiin saktiin tumhaarii zulfen[14] bhii
Hamaare dast-e-talab[15] kii jahaan rasaaii[16] hai

वहां पहुँच नहीं सकतीं तुम्हारी ज़ुल्फ़ें भी
हमारे दस्त-ए-तलब की जहां रसाई है

Lete jo saath haath lagaa bosa-e-dahan[17]
Aayaa amal[18] men ilm-e-nihaanii[19] palang[20] par

लेते जो साथ हाथ लगा बोसा-ए-दहन
आया अमल में इल्म-ए-निहानी पलंग पर

Us but[21] ke nahaane[22] se huaa saaf ye paanii
Motii[23] bhii sadaf[24] men tah-e-dariyaa[25] nazar[26] aayaa

उस बुत के नहाने से हुआ साफ़ ये पानी
मोती भी सदफ़ में तह-ए-दरिया नज़र आया

1	Betel leaf	2	Rivals/Competitors
3	Kindness/Courtesy	4	Murder/Killing
5	Betel leaf folded in a triangle	6	Duty/Incumbency
7	Generous or prosperous folk	8	Poverty-stricken
9	Poor	10	Floor
11	Desert	12	Necessary/Incumbent
13	Flood	14	Tresses of hair
15	Begging/Want/Need	16	Access/Reach
17	Kiss on the mouth	18	Come into effect
19	Knowledge of hidden secrets	20	Bed
21	Idol/Beloved	22	Bathing
23	Pearl	24	Oyster shell
25	Bottom of the sea	26	Visible

LALA MADHAV RAM JAUHAR b 1810 d 1889

Bhaanp[1] hii lenge ishaara[2] sar-e-mahfil[3] jo kiyaa
Taadne[4] vaale qayaamat[5] kii nazar[6] rakhte hain

भांप ही लेंगे इशारा सर-ए-महफ़िल जो किया
ताड़ने वाले क़यामत की नज़र रखते हैं

Tujh saa koii jahaan[7] men naazuk-badan[8] kahaan
Ye pankhudii[9] se hont[10] ye gul[11] saa badan[12] kahaan

तुझ सा कोई जहां में नाज़ुक-बदन कहाँ
ये पंखुड़ी से होंठ ये गुल सा बदन कहाँ

Ladne[13] ko dil jo chaahe to aankhen ladaaiye[14]
Ho jang[15] bhii agar to mazedaar[16] jang ho

लड़ने को दिल जो चाहे तो आँखें लड़ाइये
हो जंग भी अगर तो मज़ेदार जंग हो

Ai dost tujh ko rahm[17] na aae to kyaa karuun
Dushman[18] bhii mere haal[19] pe ab aab-diida[20] hai

ऐ दोस्त तुझ को रहम न आए तो क्या करूँ
दुश्मन भी मेरे हाल पे अब आब-दीदा है

---

1 Sense/Guess	2 Indicate someone with an eye or sign
3 In the presence of the entire assembly	4 Ogle
5 Extraordinary	6 Look/Glance
7 World	8 Of a delicate frame/Beloved
9 Petal	10 Lips
11 Flower	12 Body
13 To fight	14 Exchange amorous glances
15 Battle	16 Tasteful/Enjoyable
17 Mercy	18 Enemy
19 State/Condition	20 Having tears in the eyes

Ham ishq men hain fard[1] to tum husn[2] men yaktaa[3]
Ham saa bhii nahiin ek jo tum saa nahiin koii

हम इश्क़ में हैं फर्द तो तुम हुस्न में यक्ता
हम सा भी नहीं एक जो तुम सा नहीं कोई

Armaan[4] vasl[5] kaa mirii nazron[6] se taad[7] ke
Pahle hii se vo baith gae munh bigaad[8] ke

अरमान वस्ल का मिरी नज़रों से ताड़ के
पहले ही से वो बैठ गए मुंह बिगाड़ के

Thame[9] aansuu[10] to phir tum shauq[11] se ghar ko chale jaanaa
Kahaan jaate ho is tuufaan[12] men paanii zaraa thahre[13]

थमे आंसू तो फिर तुम शौक़ से घर को चले जाना
कहाँ जाते हो इस तूफ़ान में पानी ज़रा ठहरे

Mohabbat ko chhupaae[14] laakh koii chhup nahiin saktii
Ye vo afsaana[15] hai jo be-kahe[16] mashhuur[17] hotaa hai

मोहब्बत को छुपाए लाख कोई छुप नहीं सकती
ये वो अफ़साना है जो बे-कहे मशहूर होता है

Ai dil-e-zaar[18] mazaa dekh liyaa ulfat[19] kaa
Ham na kahte the ki is kaam men zillat[20] hogii

ऐ दिल-ए-ज़ार मज़ा देख लिया उल्फ़त का
हम न कहते थे कि इस काम में ज़िल्लत होगी

---

1 Unique	2 Beauty
3 Matchless/Incomparable	4 Desire/Longing
5 Sexual union	6 Look/Glance
7 Sense/Guess	8 Disfigured/Spoilt
9 Stopped	10 Tears
11 Alacrity and joy	12 Storm
13 Stops/Ceases	14 Hide/Conceal
15 Story/Saga	16 Without saying
17 Famous	18 Afflicted heart
19 Love/Intimacy	20 Disgrace/Humiliation

Duniyaa bahut kharaab hai jaa-e-guzar[1] nahiin
Bistar[2] uthaao rahne ke qaabil[3] ye ghar nahiin

दुनिया बहुत ख़राब है जा-ए-गुज़र नहीं
बिस्तर उठाओ रहने के क़ाबिल ये घर नहीं

Ahl-e-jannat[4] mujhe lete hain na dozakh[5] vaale
Kis jagah jaa ke tumhaaraa ye gunahgaar[6] rahe

अहल-ए-जन्नत मुझे लेते हैं न दोज़ख वाले
किस जगह जा के तुम्हारा ये गुनहगार रहे

Dil pyaar kii nazar ke liye be-qaraar[7] hai
Ik tiir[8] is taraf[9] bhii ye taaza[10] shikaar[11] hai

दिल प्यार की नज़र के लिए बे-क़रार है
इक तीर इस तरफ़ भी ये ताज़ा शिकार है

Haal-e-dil[12] sunte nahiin ye kah ke khush kar dete hain
Phir kabhii fursat[13] men sun lenge kahaanii aap kii

हाल-ए-दिल सुनते नहीं ये कह के खुश कर देते हैं
फिर कभी फ़ुरसत में सुन लेंगे कहानी आप की

Munh par naqaab-e-zard[14] har ik zulf par gulaal[15]
Holii[16] kii shaam hii to sahar[17] hai basant[18] kii

मुंह पर नक़ाब-ए-ज़र्द हर इक ज़ुल्फ़ पर गुलाल
होली की शाम ही तो सहर है बसंत की

---

1 Place for passing/Road	2 Bedding
3 Deserving/Worthy of	4 Inhabitants of heaven
5 Hell	6 Sinner/Guilty
7 Restless	8 Arrow
9 Towards	10 Fresh
11 Prey/Victim	12 State or condition of the heart
13 Leisure/Spare time	14 Pale-yellow veil
15 Coloured powder used to play Holi	16 Festival of Holi
17 Dawn	18 Spring season

Chhodnaa hai to na ilzaam[1] lagaa kar chhodo
Kahiin mil jaao to phir lutf-e-mulaaqaat[2] rahe

छोड़ना है तो न इल्ज़ाम लगा कर छोड़ो
कहीं मिल जाओ तो फिर लुत्फ़-ए-मुलाक़ात रहे

Baal apne us parii-ruu[3] ne sanvaare[4] raat bhar
Saanp[5] lote[6] saikdon[7] dil par hamaare raat bhar

बाल अपने उस परी-रू ने सँवारे रात भर
सांप लोटे सैकड़ों दिल पर हमारे रात भर

Aap to munh pher[8] kar kahte hain aane ke liye
Vasl[9] kaa vaada[10] zaraa aankhen milaa kar kiijiye

आप तो मुंह फ़ेर कर कहते हैं आने के लिए
वस्ल का वादा ज़रा आँखें मिला कर कीजिये

Aa gayaa 'jauhar' ajab ultaa[11] zamaana[12] kyaa kahen
Dost vo karte hain baaten jo aduu[13] karte nahiin

आ गया 'जौहर' अजब उलटा ज़माना क्या कहें
दोस्त वो करते हैं बातें जो अदू करते नहीं

Aakhir[14] ik roz to paivand-e-zamiin[15] honaa hai
Jaama-e-ziist[16] nayaa aur puraanaa kaisaa

आखिर इक रोज़ तो पैवन्द-ए-ज़मीन होना है
जामा-ए-ज़ीस्त नया और पुराना कैसा

---

1 Accusation	2 Pleasure of meeting
3 Angel faced/Beloved	4 Put in place or set right
5 Snakes	6 Rolled/Wriggled
7 Hundreds (of)	8 Turn away
9 Sexual union	10 Promise/Commitment
11 Inverted/Upside-down	12 World
13 Enemies	14 Finally/Ultimately
15 Patch of earth	16 Apparel of life

Kaabe[1] men bhii vahii hai shivaale[2] men bhii vahii
Donon makaan[3] us ke hain chaahe jidhar rahe

क़ाबे में भी वही है शिवाले में भी वही
दोनों मकान उस के हैं चाहे जिधर रहे

Vaaqif[4] nahiin ki paanv[5] men padtii hain bediyaan[6]
Duulhe[7] ko ye khushii hai ki merii baraat[8] hai

वाक़िफ़ नहीं कि पाँव में पड़ती हैं बेड़ियाँ
दूल्हे को ये खुशी है कि मेरी बरात है

Puurii hotii hain tasavvur[9] men umiiden[10] kyaa kyaa
Dil men sab kuchh hai magar pesh-e-nazar[11] kuchh bhii nahiin

पूरी होती हैं तसव्वुर में उमीदें क्या क्या
दिल में सब कुछ है मगर पेश-ए-नज़र कुछ भी नहीं

Is qamar[12] ko kabhii to dekhenge
Tiis[13] din hote hain mahiine[14] ke

इस क़मर को कभी तो देखेंगे
तीस दिन होते हैं महीने के

Ab itr[15] bhii malo to takalluf[16] kii buu[17] kahaan
Vo din havaa hue[18] jo pasiina[19] gulaab[20] thaa

अब इत्र भी मलो तो तकल्लुफ की बू कहाँ
वो दिन हवा हुए जो पसीना गुलाब था

1	Mosque	2	Lord Shiva's temple
3	Abodes	4	Aware of
5	Feet	6	Chains/Shackles
7	Bridegroom	8	Wedding procession of the bridegroom
9	Imagination/Contemplation	10	Hopes/Expectations
11	In view/In sight	12	Moon
13	Thirty	14	Month
15	Perfume	16	Formality
17	Smell	18	Disappeared
19	Perspiration	20	Smelling like roses

Barsaat[1] kaa mazaa tire gesuu[2] dikhaa gae
Aks[3] aasmaan[4] par jo padaa abr[5] chhaa[6] gae

बरसात का मज़ा तिरे गेसू दिखा गए
अक्स आसमान पर जो पड़ा अब्र छा गए

Kaun hote hain vo mahfil[7] se uthaane vaale
Yuun to jaate bhii magar ab nahiin jaane vale

कौन होते हैं वो महफ़िल से उठाने वाले
यूं तो जाते भी मगर अब नहीं जाने वाले

Kii tark-e-mohabbat[8] to liyaa dard-e-jigar[9] mol[10]
Parhez[11] se dil aur bhii biimaar[12] padaa hai

की तर्क-ए-मोहब्बत तो लिया दर्द-ए-जिगर मोल
परहेज़ से दिल और भी बीमार पड़ा है

Niind[13] aankh men bharii hai kahaan raat bhar rahe
Kis ke nasiib[14] tum ne jagaae kidhar[15] rahaa

नींद आँख में भरी है कहाँ रात भर रहे
किस के नसीब तुम ने जगाए किधर रहा

Chupkaa[16] khadaa huaa huun kidhar jaauun kyaa karuun
Kuchh suujhtaa[17] nahiin hai mohabbat kii raah men

चुप्का खड़ा हुआ हूँ किधर जाऊं क्या करूँ
कुछ सूझता नहीं है मोहब्बत की राह में

1	Rains	2	Tresses of hair
3	Reflection	4	Sky
5	Clouds	6	Overcast
7	Assembly/Gathering	8	Break-up of love
9	Heartache	10	In the bargain
11	Abstinence	12	Ill/Sick
13	Sleep	14	Good fortune
15	Where	16	Stealthy/Secretive
17	Understand/Comprehend		

Us ne phir[1] kar bhii na dekhaa main use dekhaa kiyaa
De diyaa dil raah - chalte[2] ko ye main ne kyaa kiyaa

उस ने फ़िर कर भी न देखा मैं उसे देखा किया
दे दिया दिल राह-चलते को ये मैं ने क्या किया

Suurat[3] to dikhaate hain gale se nahiin milte
Aankhon[4] kii to sun lete hain dil kii nahiin sunte

सूरत तो दिखाते हैं गले से नहीं मिलते
आँखों की तो सुन लेते हैं दिल की नहीं सुनते

Haae main kis ko bataauun kaun dil ko le gayaa
Shakl[5] dekhii hai magar vaaqif[6] nahiin huun naam se

हाए मैं किस को बताऊँ कौन दिल को ले गया
शक्ल देखी है मगर वाक़िफ़ नहीं हूँ नाम से

Ashk[7] qaabuu[8] men nahiin raaz[9] chhupaauun[10] kyuunkar[11]
Dushmanii mujh se mire diida-e-tar[12] rakhte hain

अश्क क़ाबू में नहीं राज़ छुपाऊँ क्यूँकर
दुश्मनी मुझ से मिरे दीदा-ए-तर रखते हैं

Apnii kahen ki is dil-e-khaana-kharaab[13] kii
Tum ko jo ho pasand[14] vahii guftuguu[15] karen

अपनी कहें कि इस दिल-ए-ख़ाना-ख़राब की
तुम को जो हो पसंद वही गुफ़्तुगू करें

1	Turn back	2	Stranger
3	Face/Form	4	Eyes
5	Face	6	Aware of
7	Tears	8	In control
9	Secret	10	Keep hidden
11	Why	12	Eyes full of tears
13	Heart of the ruined	14	Preference/Choice
15	Conversation/Chit-chat		

Aashiqon[1] ko nafaa[2] kab hai inqilaab-e-dahr[3] se
Ham vahii bande[4] rahenge but[5] khudaa[6] ho jaaenge

आशिक़ों को नफ़ा कब है इन्क़िलाब-ए-दहर से
हम वही बन्दे रहेंगे बुत ख़ुदा हो जाएंगे

Aah-e-pur-soz[7] kii taasiir[8] burii hotii hai
Khush rahenge na ghariibon[9] ko sataane[10] vale

आह-ए-पुर-सोज़ की तासीर बुरी होती है
ख़ुश रहेंगे न ग़रीबों को सताने वाले

Jis qadar[11] chaahiye bithlaaiya[12] pahre[13] dar[14] par
Band[15] rahne ke nahiin khvaab[16] men aane vale

जिस क़दर चाहिए बिठलाइया पहरे दर पर
बंद रहने के नहीं ख़्वाब में आने वाले

Tuu ne aghyaar[17] se aaiina[18] mangaa kar dekhaa
Dil men aataa hai ki ab munh[19] na dikhaaen tujh ko

तू ने अघ्यार से आईना मंगा कर देखा
दिल में आता है कि अब मुंह न दिखाएं तुझ को

Baad-e-shab-e-visaal[20] na dekhuun main daagh-e-hijr[21]
Yaa-rab[22] charaagh-e-umr[23] bujhaa[24] de havaa-e-subh[25]

बाद-ए-शब्-ए-विसाल न देखूँ मैं दाग़-ए-हिज्र
या-रब चराग़-ए-उम्र बुझा दे हवा-ए-सुबह

---

1 Lovers	2 Benefit/Advantage
3 Revolution of the world	4 Men
5 Idols/Beloveds	6 God
7 Sigh full of grief	8 Efficacy/Influence
9 Poor	10 Pester/Trouble
11 Amount	12 Place
13 Guards	14 Door
15 In bondage	16 Dreams
17 Rival/Unfamiliar person	18 Mirror
19 Face	20 After night of sexual union
21 Blemish of separation	22 Oh God!
23 Lamp of life	24 Extinguish
25 Morning breeze	

MOMIN KHAN MOMIN b 1800 d 1852

Umr[1] to saarii katii ishq-e-butaan[2] men 'momin'
Aakhirii[3] vaqt[4] men kyaa khaak musalmaan honge

उम्र तो सारी कटी इश्क़-ए-बुताँ में 'मोमिन'
आख़िरी वक़्त में क्या ख़ाक मुसलमान होंगे

Thii vasl[5] men bhii fikr-e-judaaii[6] tamaam[7] shab[8]
Vo aae to bhii niind na aaii tamaam shab

थी वस्ल में भी फ़िक्र-ए-जुदाई तमाम शब्
वो आए तो भी नींद न आई तमाम शब्

Main bhii kuchh khush nahiin vafaa[9] kar ke
Tum ne achchhaa kiyaa nibaah[10] na kii

मैं भी कुछ खुश नहीं वफ़ा कर के
तुम ने अच्छा किया निबाह न की

Chal diye suu-e-haram[11] kuu-e-butaan[12] se 'momin'
Jab diyaa ranj[13] buton[14] ne to khudaa yaad aayaa

चल दिए सू-ए-हरम कू-ए-बुताँ से 'मोमिन' .
जब दिया रंज बुतों ने तो ख़ुदा याद आया

1	Life	2	Love of idols or beloveds
3	Last	4	Time/Stage
5	Sexual union	6	Anxiety about separation
7	Entire	8	Night
9	Fulfilling a promise	10	Faithfulness to a relationship
11	Towards a mosque	12	Lane of the beloved
13	Grief	14	Idols/Beloveds

Ho gayaa raaz-e-ishq[1] be-parda[2]
Us ne parde[3] se jo nikaalaa munh[4]

हो गया राज़-ए-इश्क़ बे-पर्दा
उस ने परदे से जो निकाला मुंह

Soz-e-gham[5] se ashk[6] kaa ek ek qatra[7] jal gayaa
Aag paanii men lagii aisii ki dariyaa[8] jal gayaa

सोज़-ए-ग़म से अश्क का एक एक क़तरा जल गया
आग पानी में लगी ऐसी कि दरिया जल गया

Hai kis kaa intizaar[9] ki khvaab-e-adam[10] se bhii
Har baar chaunk padte[11] hain aavaaz-e-paa[12] ke saath

है किस का इन्तिज़ार कि ख़्वाब-ए-अदम से भी
हर बार चौंक पड़ते हैं आवाज़-ए-पा के साथ

Raaz-e-nihaan[13] zabaan-e-aghyaar[14] tak na pahunchaa
Kyaa ek bhii hamaaraa khat[15] yaar tak na pahunchaa

राज़-ए-निहां ज़बान-ए-अघ्यार तक न पहुंचा
क्या एक भी हमारा ख़त यार तक न पहुंचा

Ulte vo shikve[16] karte hain aur kis adaa[17] ke saath
Be-taaqatii[18] ke taane[19] hain uzr-e-jafaa[20] ke saath

उलटे वो शिकवे करते हैं और किस अदा के साथ
बे-ताक़ती के ताने हैं उज़्र-ए-जफ़ा के साथ

1	Secret of being in love	2	Unveiled/Revealed
3	Veil	4	Face
5	Burning sorrow	6	Tears
7	Drop	8	Sea
9	Awaiting with anxiety	10	Death
11	Get startled	12	Sound of footsteps
13	Hidden secret	14	Tongue of a stranger
15	Letter	16	Complaints/Grievances
17	Style	18	Weakness
19	Taunts	20	Apology for oppression

RIND LAKHNAVI b 1797 d 1857

Tuute but[1] masjid banii mismaar[2] but-khaana[3] huaa
Jab to ik suurat[4] bhii thii ab saaf[5] viiraana[6] huaa

टूटे बुत मस्जिद बनी मिस्मार बुत-ख़ाना हुआ
जब तो इक सूरत भी थी अब साफ़ वीराना हुआ

Apne marne kaa agar ranj[7] mujhe hai to ye hai
Kaun uthaaegaa tirii jaur o jafaa[8] mere baad

अपने मरने का अगर रंज मुझे है तो ये है
कौन उठाएगा तिरी जौर ओ जफ़ा मेरे बाद

Mai[9] pilaa aisii ki saaqii[10] na rahe hosh[11] mujhe
Ek saaghar[12] se do aalam[13] hon faraamosh[14] mujhe

मय पिला ऐसी कि साक़ी न रहे होश मुझे
एक सागर से दो आलम हों फरामोश मुझे

Diid-e-lailaa[15] ke liye diida-e-majnuun[16] hai zaruur[17]
Merii aankhon se koii dekhe tamaashaa[18] teraa

दीद-ए-लैला के लिए दीदा-ए-मजनूँ है ज़रूर
मेरी आँखों से कोई देखे तमाशा तेरा

---

1 Idols	2 Demolished
3 Place of idol worship	4 Form/Figure
5 Clear	6 Deserted place
7 Grief	8 Cruelty and oppression
9 Wine	10 Server of wine/Beloved
11 Sense	12 Goblet
13 Worlds	14 Forgotten
15 Sight of Laila	16 Eyes of Majnuun
17 Necessary	18 Spectacle

MIRZA GHALIB b 1797 d 1869

Ham ko maaluum[1] hai jannat[2] kii haqiiqat[3] lekin
Dil ke khush rakhne ko 'ghaalib' ye khayaal achchhaa hai

हम को मालूम है जन्नत की हक़ीक़त लेकिन
दिल के ख़ुश रखने को 'ग़ालिब' ये ख़याल अच्छा है

Ishq ne 'ghaalib' nikammaa[4] kar diyaa
Varna[5] ham bhii aadmii the kaam ke

इश्क़ ने 'ग़ालिब' निकम्मा कर दिया
वार्ना हम भी आदमी थे काम के

Mohabbat men nahiin hai farq[6] jiine aur marne kaa
Usii ko dekh kar jiite hain jis kaafir[7] pe dam nikle

मोहब्बत में नहीं है फ़र्क़ जीने और मरने का
उसी को देख कर जीते हैं जिस काफ़िर पे दम निकले

Hazaaron[8] khvaahishen[9] aisii ki har khvaahish pe dam[10] nikle
Bahut nikle11 mire armaan[12] lekin[13] phir bhii kam nikle

हज़ारों ख़्वाहिशें ऐसी कि हर ख़्वाहिश पे दम निकले
बहुत निकले मिरे अरमान लेकिन फिर भी कम निकले

---

1 Known/Apparent	2 Paradise
3 Reality	4 Good-for-nothing/Useless
5 Otherwise	6 Distinction
7 Infidel/Beloved	8 In thousands
9 Wishes/Desires	10 Breath
11 Emerged	12 Desires
13 However/But	

Un ke dekhe se jo aa jaatii hai munh par raunaq[1]
Vo samajhte hain ki biimaar[2] kaa haal achchhaa hai

उन के देखे से जो आ जाती है मुंह पर रौनक़
वो समझते हैं कि बीमार का हाल अच्छा है

Ye na thii hamaarii qismat[3] ki visaal-e-yaar[4] hotaa
Agar aur jiite rahte yahii intizaar[5] hotaa

ये न थी हमारी क़िस्मत कि विसाल-ए-यार होता
अगर और जीते रहते यही इन्तिज़ार होता

Ragon[6] men daudte phirne ke ham nahiin qaail[7]
Jab aankh hii se na tapkaa[8] to phir lahuu[9] kyaa hai

रगों में दौड़ते फिरने के हम नहीं क़ाइल
जब आँख ही से न टपका तो फिर लहू क्या है

Ishq par zor[10] nahiin hai ye vo aatish[11] 'ghaalib'
Ki lagaae na lage aur bujhaae na bane

इश्क़ पर ज़ोर नहीं है ये वो आतिश 'ग़ालिब'
कि लगाए न लगे और बुझाए न बने

Ishrat-e-qatra[12] hai dariyaa[13] men fanaa[14] ho jaanaa
Dard[15] kaa had se guzarnaa[16] hai davaa[17] ho jaanaa

इशरत-ए-क़तरा है दरिया में फ़ना हो जाना
दर्द का हद से गुज़रना है दवा हो जाना

1	Glow/Look of happiness	2	Sick/Patient
3	Fate/Destiny	4	Sexual union with beloved
5	Awaiting with anxiety	6	Veins
7	Consenting/Agreeing	8	Drip
9	Blood	10	Strength/Influence
11	Flame	12	Pleasure of a drop
13	Sea/River	14	Decay/Pass away
15	Pain	16	To pass
17	Medicine		

Vo aae ghar men hamaare khudaa kii qudrat[1] hai
Kabhii ham un ko kabhii apne ghar ko dekhte hain

वो आए घर में हमारे ख़ुदा की कुदरत है
कभी हम उन को कभी अपने घर को देखते हैं

Na thaa kuchh to khudaa thaa kuchh na hotaa to khudaa hotaa
Duboya[2] mujh ko hone ne na hotaa main to kyaa hotaa

न था कुछ तो ख़ुदा था कुछ न होता तो ख़ुदा होता
डुबोया मुझ को होने ने न होता मैं तो क्या होता

Ham ko un se vafaa[3] kii hai ummiid[4]
Jo nahiin jaante vafaa kyaa hai

हम को उन से वफ़ा की है उम्मीद
जो नहीं जानते वफ़ा क्या है

Ranj[5] se khuugar[6] huaa insaan to mit jaataa hai ranj
Mushkilen[7] mujh par padiin itnii ki aasaan[8] ho gaiin

रंज से ख़ूगर हुआ इंसान तो मिट जाता है रंज
मुश्किलें मुझ पर पड़ीं इतनी कि आसान हो गईं

Rekhte[9] ke tumhiin ustaad[10] nahiin ho 'ghaalib'
Kahte hain agle[11] zamaane[12] men koii 'miir' bhii thaa

रेख़्ते के तुम्हीं उस्ताद नहीं हो 'ग़ालिब'
कहते हैं अगले ज़माने में कोई 'मीर' भी था

---

1 Divine power	2 Made to sink
3 Keeping one's promise/Constancy	4 Expectation
5 Grief	6 Habituated
7 Hardships	8 Easy
9 Old name of Urdu	10 Master
11 Earlier	12 Age/Period/Era

Hain aur bhii duniyaa men sukhan-var[1] bahut achchhe
Kahte hain ki 'ghaalib' kaa hai andaaz-e-bayaan[2] aur

हैं और भी दुनिया में सुख़न-वर बहुत अच्छे
कहते हैं कि 'ग़ालिब' का है अंदाज़-ए-बयान और

Aah[3] ko chaahiye ik umr[4] asar[5] hote tak
Kaun jiitaa hai tirii zulf[6] ke sar[7] hote tak

आह को चाहिए इक उम्र असर होते तक
कौन जीता है तिरी ज़ुल्फ़ के सर होते तक

Ishq[8] se tabiiat[9] ne ziist[10] kaa mazaa paayaa
Dard[11] kii davaa[12] paaii dard-e-be-davaa[13] paayaa

इश्क़ से तबीयत ने ज़ीस्त का मज़ा पाया
दर्द की दवा पाई दर्द-ए-बे-दवा पाया

Bas-ki[14] dushvaar[15] hai har kaam kaa aasaan honaa
Aadmii ko bhii muyassar[16] nahiin insaan[17] honaa

बस कि दुश्वार है हर काम का आसान होना
आदमी को भी मुयस्सर नहीं इंसान होना

Maut[18] kaa ek din muayyan[19] hai
Niind kyuun raat bhar nahiin aatii

मौत का एक दिन मुअय्यन है
नींद क्यूँ रात भर नहीं आती

1	Poets	2	Style of narration
3	Sorrow/Grief	4	Life time
5	Effect/Influence	6	Curl of hair
7	Reach its fullness	8	All-consuming love
9	Nature/Temperament	10	Life/Existence
11	Pain	12	Medicine
13	Pain without a cure	14	Although
15	Difficult	16	Rendered easy/Facilitated
17	Human being	18	Death
19	Destined/Fixed		

Dil hii to hai na sang-o-khisht[1] dard[2] se bhar na aae kyuun
Roenge ham hazaar[3] baar koii hamen sataae[4] kyuun

दिल ही तो है न संग-ओ-ख़िश्त दर्द से भर न आए क्यूँ
रोएंगे हम हज़ार बार कोई हमें सताए क्यूँ

Ye kahaan kii dostii[5] hai ki bane hain dost naaseh[6]
Koii chaarasaaz[7] hotaa koii gham-gusaar[8] hotaa

ये कहाँ की दोस्ती है कि बने हैं दोस्त नासेह
कोई चारासाज़ होता कोई ग़म-गुसार होता

Ham ne maanaa ki taghaaful[9] na karoge lekin
Khaak[10] ho jaaenge ham tum ko khabar[11] hote tak

हम ने माना कि तग़ाफ़ुल न करोगे लेकिन
ख़ाक हो जाएंगे हम तुम को ख़बर होते तक

Baaziicha-e-atfaal[12] hai duniyaa[13] mire aage
Hotaa hai shab-o-roz[14] tamaashaa[15] mire aage

बाज़ीचा-ए-अत्फ़ाल है दुनिया मीरे आगे
होता है शब्-ओ-रोज़ तमाशा मिरे आगे

Merii qismat[16] men gham[17] gar[18] itnaa thaa
Dil bhii yaa-rab[19] kaii diye hote

मेरी क़िस्मत में ग़म गर इतना था
दिल भी या-रब कई दिए होते

1	Stone and brick	2	Pain/Grief
3	Thousand	4	Trouble/Oppress
5	Friendship	6	Preacher/Counsellor
7	Doctor	8	One who shares in one's grief
9	Neglect/Indifference	10	Dust
11	Awareness	12	Child's play
13	Universe/World	14	Night and day
15	Spectacle	16	Fate
17	Sorrow	18	If
19	O God!		

Aage[1] aatii thii haal-e-dil[2] pe hansii[3]
Ab kisii baat par nahiin aatii
आगे आती थी हाल-ए-दिल पे हँसी
अब किसी बात पर नहीं आती

Kahuun kis se main ki kyaa hai shab-e-gham[4] burii balaa[5] hai
Mujhe kyaa buraa thaa marnaa agar ek baar hotaa
कहूँ किस से मैं कि क्या है शब्-ए-ग़म बुरी बला है
मुझे क्या बुरा था मरना अगर एक बार होता

Karne gae the us se taghaaful[6] kaa ham gila[7]
Kii ek hii nigaah[8] ki bas khaak[9] ho gae
करने गए थे उस से तग़ाफुल का हम गिला
की एक ही निगाह कि बस ख़ाक हो गए

Jii dhuundtaa[10] hai phir vahii fursat[11] ki raat din
Baithe rahen tasavvur-e-jaanaan[12] kiye hue
जी ढूँढ़ता है फिर वही फुर्सत कि रात दिन
बैठे रहें तसव्वुर-ए-जानां किये हुए

Ham vahaan hain jahaan se ham ko bhii
Kuchh hamaarii khabar[13] nahiin aatii
हम वहां हैं जहां से हम को भी
कुछ हमारी ख़बर नहीं आती

---

1 Earlier	2 State of my heart
3 Laughter/Mirth	4 Night of sorrow
5 Calamity	6 Neglect/Indifference
7 Grievance/Blame	8 Look
9 Ashes	10 Searches
11 Leisure	12 Thinking of the beloved
13 News/Updates	

Hogaa koii aisaa bhii ki 'ghaalib' ko na jaane
Shaair[1] to vo achchhaa hai pa badnaam[2] bahut hai

होगा कोई ऐसा भी कि 'ग़ालिब' को न जाने
शायर तो वो अच्छा है प बदनाम बहुत है

'Ghaalib' buraa na maan jo vaaiz[3] buraa kahe
Aisaa bhii koii hai ki sab achchhaa kahen jise

'ग़ालिब' बुरा न मान जो वाइज़ बुरा कहे
ऐसा भी कोई है कि सब अच्छा कहें जिसे

Saadiq[4] huun apne qaul[5] kaa 'ghaalib' khudaa gavaah[6]
Kahtaa huun sach[7] ki jhuut[8] kii aadat[9] nahiin mujhe

सादिक़ हूँ अपने क़ौल का 'ग़ालिब' ख़ुदा गवाह
कहता हूँ सच कि झूट की आदत नहीं मुझे

Kitne shiiriin[10] hain tere lab[11] ki raqiib[12]
Gaaliyaan[13] khaa ke be-mazaa[14] na huaa

कितने शीरीं हैं तेरे लब कि रक़ीब
गालियां खा के बे-मज़ा न हुआ

Pilaa de ok[15] se saaqii[16] jo ham se nafrat[17] hai
Piyaala[18] gar[19] nahiin detaa na de sharaab[20] to de

पिला दे ओक से साक़ी जो हम से नफ़रत है
पियाला गर नहीं देता न दे शराब तो दे

---

1 Poet	2 Infamous/Disreputable
3 Preacher	4 Sincere
5 Promise	6 Witness
7 Truth	8 Lies
9 Habit	10 Sweet
11 Lips	12 Rival in love
13 Abuses	14 Tasteless
15 Cupped palms of the hand	16 One who serves wine/Beloved
17 Strong dislike/Hate	18 Goblet
19 If	20 Wine

Go[1] main rahaa rahiin-e-sitam-haa-e-rozgaar[2]
Lekin tire khayaal[3] se ghaafil[4] nahiin rahaa

गो मैं रहा रहीं-ए-सितम-हा-ए-रोज़गार
लेकिन तिरे ख़याल से ग़ाफ़िल नहीं रहा

Khudaayaa[5] jazba-e-dil[6] ki magar taasiir[7] ultii hai
Ki jitnaa khiinchtaa[8] huun aur khinchtaa jaae hai mujh se

ख़ुदाया जज़्बा-ए-दिल की मगर तासीर उलटी है
कि जितना खींचता हूँ और खिंचता जाए है मुझ से

Phir dekhiye andaaz-e-gul-afshaanii-e-guftaar[9]
Rakh de koii paimaana-e-sahbaa[10] mere aage

फ़िर देखिये अंदाज़-ए-गुल-अफ़शानी-ए-गुफ़्तार
रख दे कोई पैमाना-ए-सहबा मेरे आगे

Allaah re zauq-e-dasht-navardii[11] ki baad-e-marg[12]
Hilte[13] hain khud-ba-khud[14] mire andar kafan[15] ke paanv[16]

अल्लाह रे ज़ौक़-ए-दश्त-नवर्दी कि बाद-ए-मार्ग
हिलते हैं ख़ुद-ब-ख़ुद मिरे अंदर कफ़न के पाँव

Huun giraftaar-e-ulfat-e-sayyaad[17]
Varna[18] baaqii[19] hai taaqat-e-parvaaz[20]

हूँ गिरफ़्तार-ए-उल्फ़त-ए-सय्याद
वार्ना बाक़ी है ताक़त-ए-परवाज़

1	Though	2	Mortgaged to the tyrannies of livelihood
3	Thoughts	4	Unmindful/Oblivious to
5	O God!	6	Passion of the heart
7	Effectiveness/Impact	8	Pull/Draw towards
9	Eloquent style of conversation	10	Glass of wine
11	Zeal for wandering in the desert	12	After death
13	Move	14	On their own/Automatically
15	Shroud for a dead body	16	Feet
17	Seized by love for the captor/Beloved	18	Otherwise
19	Remaining	20	Ability to fly

'Ghaalib' apnaa ye aqiida[1] hai ba-qaul-e-'naasikh'[2]
Aap[3] be-bahra[4] hai jo mo'taqid-e-'miir'[5] nahiin

'ग़ालिब' अपना ये अक़ीदा है ब-क़ौल-ए-'नासिख़'
आप बे-बहरा है जो मोतक़िद-ए-'मीर' नहीं

Kis se mahruumii-e-qismat[6] kii shikaayat[7] kiije
Ham ne chaahaa thaa ki mar jaaen so vo bhii na huaa

किस से महरूमी-ए-क़िस्मत की शिकायत कीजे
हम ने चाहा था कि मर जाएं सो वो भी न हुआ

Had[8] chaahiye sazaa[9] men uquubat[10] ke vaaste[11]
Aakhir gunaahgaar[12] huun kaafar[13] nahiin huun main

हद चाहिए सज़ा में उक़ूबत के वास्ते
आख़िर गुनहगार हूँ काफ़र नहीं हूँ मैं

Kalkatte kaa jo zikr[14] kiyaa tuu ne ham-nashiin[15]
Ik tiir[16] mere siine[17] men maaraa ki haae haae

कलकत्ते का जो ज़िक्र किया तू ने हम-नशीन
इक तीर मेरे सीने में मारा कि हाय हाय

Kyuun na firdaus[18] men dozakh[19] ko milaa len yaarab[20]
Sair[21] ke vaaste[22] thodii sii jagah[23] aur sahii

क्यूँ न फ़िरदौस में दोज़ख को मिला लें यारब
सैर के वास्ते थोड़ी सी जगह और सही

1	Article of faith	2	According to poet 'naasikh'
3	Himself	4	Deprived of benefit
5	Believer in poet 'mir'	6	Deprivation of luck
7	Complaint	8	Limit
9	Punishment	10	Persecution
11	For the sake of	12	Sinner
13	Infidel/Unbeliever	14	Mention
15	Companion	16	Arrow
17	Heart	18	Paradise
19	Hell	20	O God!
21	Stroll/Walk	22	For the sake of
23	Place/Locality		

WAZIR ALI SABA LAKHNAVI b 1793 d 1855

Dil[1] men ik dard[2] uthaa[3] aankhon men aansuu[4] bhar aae[5]
Baithe baithe[6] hamen kyaa jaaniye[7] kyaa yaad[8] aayaa

दिल में इक दर्द उठा आँखों में आंसू भर आए
बैठे बैठे हमें क्या जानिये क्या याद आया

Baat bhii aap ke aage na zabaan[9] se niklii[10]
Liijiye aae the ham soch ke[11] kyaa kyaa dil men

बात भी आप के आगे न ज़बान से निकली
लीजिये आए थे हम सोच के क्या क्या दिल में

Aap hii apne zaraa[12] jaur-o-sitam[13] ko dekhen
Ham agar arz[14] karenge to shikaayat[15] hogii

आप ही अपने ज़रा जौर-ओ-सितम को देखें
हम अगर अर्ज़ करेंगे तो शिकायत होगी

Aadam[16] se baagh-e-khuld[17] chhutaa ham se kuu-e-yaar[18]
Vo ibtidaa-e-ranj[19] hai ye intihaa-e-ranj[20]

आदम से बाग़-ए-खुल्द छूटा हम से कू-ए-यार
वो इब्तिदा-ए-रंज है ये इंतिहा-ए-रंज

1	Heart	2	Pain
3	Rose	4	Tears
5	Welled up	6	While sitting
7	Do not know	8	What I remembered
9	Tongue/Speech	10	Emerged
11	After thinking	12	A little
13	Oppression and tyranny	14	Mention
15	Grievance	16	Adam, the first man
17	Garden of Paradise	18	Lane of the beloved
19	Beginning of grief	20	Extreme grief

Qaid-e-mazhab[1] vaaqaii[2] ik rog[3] hai
Aadmii ko chaahiye aazaad[4] ho

क़ैद-ए-मज़हब वाक़ई इक रोग है
आदमी को चाहिए आज़ाद हो

Itnii to diid-e-ishq[5] kii taasiir[6] dekhiye
Jis samt[7] dekhiye tirii tasviir[8] dekhiye

इतनी तो दीद-ए-इश्क़ की तासीर देखिये
जिस सम्त देखिये तिरी तस्वीर देखिये

Kaleja[9] kaanptaa[10] hai dekh kar is sard-mehrii[11] ko
Tumhaare ghar men kyaa aae ki ham kashmiir men aae

कलेजा कांपता है देख कर इस सर्द-मेहरी को
तुम्हारे घर में क्या आए कि हम कश्मीर में आए

Mere baghal[12] men rah ke mujhii ko kiyaa zaliil[13]
Nafrat[14] sii ho gaii dil-e-khaana-kharaab[15] se

मेरे बग़ल में रह के मुझी को किया ज़लील
नफ़रत सी हो गई दिल-ए-ख़ाना-ख़राब से

Tirii talaash[16] men mah[17] kii tarah main phirtaa huun
Kahaan tuu raat ko ai aaftaab[18] rahtaa hai

तिरी तलाश में मह की तरह मैं फ़िरता हूँ
कहाँ तू रात को ऐ आफ़ताब रहता है

1	Captive of religious modes	2	Truly
3	Disease	4	Free
5	Sight of love	6	Efficacy/Making an impression
7	Direction	8	Portrait/Picture
9	Liver/Spirit	10	Trembles
11	Cold attitude/Indifference	12	Flank/Side
13	Despicable/Contemptible	14	Detestation/Loathing
15	Heart of the ruined in love	16	Quest
17	Moon	18	Sun

Tirchhii[1] nazron[2] se na dekho aashiq-e-dil-giir[3] ko
Kaise tiir-andaaz[4] ho siidhaa[5] to kar lo tiir[6] ko

तिरछी नज़रों से न देखो आशिक़-ए-दिल-गीर को
कैसे तीर-अंदाज़ हो सीधा तो कर लो तीर को

Kaaba[7] banaaiye ki kaliisaa[8] banaaiye
Dil saa makaan[9] havaale kiyaa hai janaab ke

काबा बनाइये कि कलीसा बनाइये
दिल सा मकान हवाले किया है जनाब के

Huaa dhuup men bhii na kam husn-e-yaar[10]
Kanhayyaa[11] banaa vo jo sanvlaa[12] gayaa

हुआ धूप में भी न कम हुस्न-ए-यार
कन्हैया बना वो जो सांवला गया

Saakin-e-dair[13] huun ik but[14] kaa huun banda[15] bakhudaa[16]
Khud vo kaafir[17] hain jo kahte hain musalmaan[18] mujh ko

साकिन-ए-दैर हूँ इक बुत का हूँ बंदा बख़ुदा
ख़ुद वो काफ़िर हैं जो कहते हैं मुसलमान मुझ को

Ulfat-e-kuucha-e-jaanaan[19] ne kiyaa khaana-kharaab[20]
Barhaman[21] dair[22] se kaabe[23] se musalmaan[24] niklaa

उल्फ़त-ए-कूचा-ए-जानां ने किया ख़ाना-ख़राब
बरहमन दैर से काबे से मुसलमान निकला

1	Slanting/Awry	2	Glance
3	Lover with melancholy heart	4	Archer
5	Straight	6	Arrow
7	Mosque	8	Church
9	House	10	Beauty of the beloved
11	Lord Krishna	12	Dark-complexioned
13	Tranquil in a temple	14	Idol/Beloved
15	Devout/Slave	16	With God
17	Infidel/Idolator	18	Muslim
19	Love for the lane of the beloved	20	Ruined/Desolate
21	Brahman	22	Temple
23	Mosque	24	Muslim

Aashiq[1] hain ham ko harf-e-mohabbat[2] se kaam hai
Mullaa[3] nikaaltaa phire matlab[4] kitaab[5] se

आशिक़ हैं हम को हर्फ़-ए-मोहब्बत से काम है
मुल्ला निकालता फ़िरे मतलब किताब से

Paayaa hai is qadar[6] sukhan-e-sakht[7] ne rivaaj[8]
Punjabi baat karte hain pashtuu zabaan[9] men

पाया है इस क़दर सुख़न-ए-सख़्त ने रिवाज
पंजाबी बात करते हैं पश्तू ज़बान में

Ham rind-e-pareshan[10] hain maah-e-ramazaan[11] hai
Chamkii huii in rozon[12] men vaaiz[13] kii dukaan hai

हम रिन्द-ए-परेशां हैं माह-ए-रमज़ान है
चमकी हुई इन रोज़ों में वाइज़ की दूकान है

Kuduurat[14] nahiin apnii tab-e-ravaan[15] men
Bahut saaf bahtaa hai dariyaa[16] hamaaraa

कुदूरत नहीं अपनी तब-ए-रवां में
बहुत साफ़ बहता है दरिया हमारा

Fasl-e-gul[17] hii zaahidon[18] ko gham[19] hii mai-kash[20] shaad[21] hain
Masjiden suunii[22] padii hain bhattiyaan[23] aabaad[24] hain

फ़स्ल-ए-गुल ही ज़ाहिदों को ग़म ही मये-कश शाद हैं
मस्जिदें सूनी पड़ी हैं भट्टियां आबाद हैं

1	Lover	2	Alphabet of love
3	Preacher	4	Meaning
5	Book	6	Extent
7	Difficult words	8	Fashion/Prevalence
9	Tongue	10	Agitated drunkards
11	The month of Ramzaan	12	Days of fasting
13	Preasher	14	Malice/Resentment
15	Mellow disposition	16	River
17	Season of flowers/Spring	18	Abstinent
19	Sorrow	20	Drinkers of wine
21	Happy	22	Desolate/Deserted
23	Distillery	24	Flourishing/Prosperous

MIRZA RAZA BARQ b 1790 d 1857

Ai sanam[1] vasl[2] kii tadbiiron[3] se kyaa hotaa hai
Vahii hotaa hai jo manzuur-e-khudaa[4] hotaa hai
ऐ सनम वस्ल की तदबीरों से क्या होता है
वही होता है जो मंज़ूर-ए-ख़ुदा होता है

Hamaare aib[5] ne be-aib[6] kar diyaa ham ko
Yahii hunar[7] hai ki koii hunar nahiin aataa
हमारे ऐब ने बे-ऐब कर दिया हम को
यही हुनर है कि कोई हुनर नहीं आता

Itnaa to jazb-e-ishq[8] ne baare[9] asar[10] kiyaa
Us ko bhii ab malaal[11] hai mere malaal kaa
इतना तो जज़्ब-ए-इश्क़ ने बारे असर किया
उस को भी अब मलाल है मेरे मलाल का

Kis tarah milen[12] koii bahaanaa[13] nahiin miltaa
Ham jaa[14] nahiin sakte[15] unhen aanaa[16] nahiin miltaa
किस तरह मिलें कोई बहाना नहीं मिलता
हम जा नहीं सकते उन्हें आना नहीं मिलता

1	Beloved	2	Sexual union
3	Plans/Arrangements	4	Acceptable to God
5	Imperfections/Flaws	6	Flawless/Unblemished
7	Skill	8	Pull of love
9	In connection with	10	Effect
11	Resentment	12	Meet
13	Excuse	14	Go
15	Can	16	Come

Ham to apnon se bhii begaana[1] hue ulfat[2] men
Tum jo ghairon[3] se mile tum ko na ghairat[4] aaii

हम तो अपनों से भी बेगाना हुए उल्फ़त में
तुम जो ग़ैरों से मिले तुम को न ग़ैरत आई

Be-bulaae[5] hue jaanaa mujhe manzuur[6] nahiin
Un kaa vo taur[7] nahiin meraa ye dastuur[8] nahiin

बे-बुलाए हुए जाना मुझे मंज़ूर नहीं
उन का वो तौर नहीं मेरा ये दस्तूर नहीं

Na sikandar[9] hai na daaraa[10] hai na qaisar[11] hai na jam[12]
Be-mahal[13] khaak[14] men hain qasr[15] banaane vale

न सिकंदर है न दारा है न क़ैसर है न जाम
बे-महल ख़ाक में हैं क़स्र बनाने वाले

Nahiin buton[16] ke tasavvur[17] se koii dil khaalii
Khudaa ne un ko diye hain makaan[18] siinon[19] men

नहीं बुतों के तसव्वुर से कोई दिल खाली
ख़ुदा ने उन को दिए हैं मकान सीनों में

Chhup sakaa dam[20] bhar na raaz-e-dil[21] firaaq-e-yaar[22] men
Vo nihaan[23] jis dam huaa sab aashkaaraa[24] ho gayaa

छुप सका दम भर न राज़-ए-दिल फ़िराक-ए-यार में
वो निहां जिस दम हुआ सब आशकारा हो गया

---

1 Unconcerned/Not related	2 Love/Intimacy
3 Rivals	4 Shame/Self-respect
5 Without inviting	6 Acceptable
7 Manner	8 Custom
9 Alexander	10 Darius
11 Caesar	12 Great king
13 Without palaces	14 Dust
15 Castle	16 Idols/Beloved ones
17 Imagination	18 Abodes
19 Hearts	20 For a moment
21 Secret of the heart	22 Separation from the beloved
23 Hidden/Concealed	24 Clear/Visible

SHEIKH IBRAHIM ZAUQ b 1790 d 1854

Ab to ghabraa ke[1] ye kahte[2] hain ki mar[3] jaaenge
Mar ke bhii chain[4] na paayaa to kidhar[5] jaaenge

अब तो घबरा के ये कहते हैं कि मर जाएंगे
मर के भी चैन न पाया तो किधर जाएंगे

Zaahid[6] sharaab piine se kaafir[7] huaa main kyuun
Kyaa dedh[8] chulluu[9] paanii men iimaan[10] bah gayaa

ज़ाहिद शराब पीने से काफ़िर हुआ मैं क्यूँ
क्या डेढ़ चुल्लू पानी में ईमान बह गया

Maraz-e-ishq[11] jise ho use kyaa yaad rahe
Na davaa[12] yaad rahe aur na duaa[13] yaad rahe

मरज़-ए-इश्क़ जिसे हो उसे क्या याद रहे
न दवा याद रहे और न दुआ याद रहे

Ek aansuu[14] ne duboyaa[15] mujh ko un kii bazm[16] men
Buund[17] bhar paanii se saarii aabruu[18] paanii huii[19]

एक आंसू ने डुबोया मुझ को उन की बज़्म में
बूँद भर पानी से सारी आबरू पानी हुई

---

1 Getting alarmed or agitated	2 Say
3 Die	4 Relief/Tranquility
5 Where	6 Religious devout/Ascetic
7 Infidel/Impious	8 One and a half
9 Cupped palm	10 Religious faith
11 Disease of love	12 Medicine
13 Prayer/Supplication to God	14 Tear
15 Made to sink	16 Assembly/Gathering
17 Drop	18 Reputation/Respect
19 Became water	

'Zauq' jo madrase[1] ke bigde[2] hue hain mullaa[3]
Un ko mai-khaane[4] men le aao sanvar[5] jaaenge

'ज़ौक़' जो मदरसे के बिगड़े हुए हैं मुल्ला
उन को मये-ख़ाने में ले आओ संवर जाएंगे

Maaluum jo hotaa hamen anjaam-e-mohabbat[6]
Lete na kabhii bhuul ke[7] ham naam-e-mohabaat[8]

मालूम जो होता हमें अंजाम-ए-मोहब्बत
लेते न कभी भूल के हम नाम-ए-मोहबात

Kitne muflis[9] ho gae kitne tavangar[10] ho gae
Khaak[11] men jab mil gae donon baraabar[12] ho gae

कितने मुफ़लिस हो गए कितने तवंगर हो गए
ख़ाक में जब मिल गए दोनों बराबर हो गए

Ai 'zauq' dekh dukhtar-e-raz[13] ko na munh lagaa[14]
Chhuttii[15] nahiin hai munh[16] se ye kaafar[17] lagii huii

ऐ 'ज़ौक़' देख दुख़्तर-ए-रज़ को न मुंह लगा
छूटती नहीं है मुंह से ये काफ़र लगी हुई

Laaii hayaat[18] aae qazaa[19] le chalii[20] chale[21]
Apnii khushii[22] na aae na apnii khushii chale

लाई हयात आए क़ज़ा ले चली चले
अपनी ख़ुशी न आए न अपनी ख़ुशी चले

1	Schools of Islamic learning	2	Spoiled
3	Teacher in a mosque	4	Wine house
5	Get rectified	6	Consequence of love
7	By mistake	8	Name of love
9	Poor/Destitute	10	Wealthy
11	Dust	12	Equal
13	Daughter of the vine/Wine	14	Get a taste for
15	Release	16	Mouth
17	Infidel	18	Life/Existence
19	Death	20	Took away
21	Went	22	Happiness

Ham rone pe aa jaaen to dariyaa[1] hii bahaa den
Shabnam[2] kii tarah se hamen ronaa nahiin aataa

हम रोने पे आ जाएं तो दरिया ही बहा दें
शबनम की तरह से हमें रोना नहीं आता

Bajaa[3] kahe jise aalam[4] use bajaa samjho
Zabaan-e-khalq[5] ko naqqaara-e-khudaa[6] samjho

बजा कहे जिसे आलम उसे बजा समझो
ज़बान-ए-ख़ल्क़ को नक़्क़ारा-ए-ख़ुदा समझो

Aadamiyyat[7] aur shai[8] hai ilm[9] hai kuchh aur shai
Kitnaa tote ko padhaayaa par vo haivaan[10] hii rahaa

आदमिययत और शै है इल्म है कुछ और शै
कितना तोते को पढ़ाया पर वो हैवान ही रहा

Bosa11 jo rukh[12] kaa dete nahiin lab[13] kaa diijiye
Ye hai masal[14] ki phuul nahiin pankhudii[15] sahii

बोसा जो रुख़ का देते नहीं लब का दीजिये
ये है मसल कि फूल नहीं पंखुड़ी सही

Masjid men us ne ham ko aankhen dikhaa[16] ke maaraa
Kaafir[17] kii shokhii[18] dekho ghar men khudaa ke maaraa

मस्जिद में उस ने हम को आँखें दिखा के मारा
काफ़िर की शोख़ी देखो घर में ख़ुदा के मारा

1	River	2	Dew drops
3	Correct/Appropriate/True	4	Public
5	Voice of the people	6	Wish of God
7	Human nature	8	Object/Thing
9	Knowledge	10	Uncouth/Uncivilised
11	Kiss	12	Face
13	Lips	14	Like/Similar to
15	Petal	16	Make eyes at
17	Infidel/Lover	18	Coquetry/Playfulness

Kyaa jaane use vahm[1] hai kyaa merii taraf se
Jo khvaab[2] men bhii raat ko tanhaa[3] nahiin aataa

क्या जाने उसे वहम है क्या मेरी तरफ़ से
जो ख़्वाब में भी रात को तन्हा नहीं आता

Haq[4] ne tujh ko ik zabaan[5] dii aur diye hain kaan do
Is ke ye maanii[6] kahe ik aur sune insaan do

हक़ ने तुझ को इक ज़बान दी और दिए हैं कान दो
इस के ये मानी कहे इक और सुने इंसान दो

In dinon garche[7] dakan[8] men hai badii qadr-e-sukhan[9]
Kaun jaae 'zauq' par dillii kii galiyaan chhod kar

इन दिनों गरचे दक्कन में है बड़ी क़द्र-ए-सुखन
कौन जाए 'ज़ौक़' पर दिल्ली की गालियां छोड़ कर

Ai shama[10] terii umr-e-taabiiii[11] hai ek raat
Hans kar guzaar yaa ise ro kar guzaar de

ऐ शमा तेरी उम्र-ए-ताबीई है एक रात
हंस कर गुज़ार या इसे रो कर गुज़ार दे

Rulaaegii mirii yaad un ko muddaton[12] saahab
Karenge bazm[13] men mahsuus[14] jab kamii merii

रुलाएगी मिरी याद उन को मुद्दतों साहब
करेंगे बज़्म में महसूस जब कमी मेरी

1	Fear/Misgiving/Uneasy feeling	2	Dreams
3	Alone/By oneself	4	God/Truth
5	Tongue	6	Meaning/Purport
7	Although	8	Deccan
9	Value or respect for poetry	10	Lamp
11	Natural life	12	Long periods of time
13	Assembly/Gathering	14	Perceive/Realize

Tum jise yaad karo phir use kyaa yaad rahe
Na khudaaii[1] kii ho parvaa[2] na khudaa[3] yaad rahe

तुम जिसे याद करो फ़िर उसे क्या याद रहे
न ख़ुदाई की हो परवा न ख़ुदा याद रहे

Kyaa dekhtaa hai haath miraa chhod de tabiib[4]
Yaan jaan hii badan men nahiin nabz[5] kyaa chale

क्या देखता है हाथ मिरा छोड़ दे तबीब
यान जान ही बदन में नहीं नब्ज़ क्या चले

Vaqt-e-piirii[6] shabaab[7] kii baaten
Aisii hain jaise khvaab[8] kii baaten

वक़्त-ए-पीरी शबाब की बातें
ऐसी हैं जैसे ख़्वाब की बातें

Tavaazo[9] kaa tariiqa[10] saahibo puuchho suraahii[11] se
Ki jaarii[12] faiz[13] bhii hai aur jhukii jaatii hai gardan[14] bhii

तवाज़ो का तरीक़ा साहिबो पूछो सुराही से
कि जारी फ़ैज़ भी है और झुकी जाती है गर्दन भी

Ham nahiin vo jo karen khuun[15] kaa daavaa[16] tujh par
Balki[17] puuchhegaa khudaa bhii to mukar jaaenge[18]

हम नहीं वो जो करें ख़ून का दावा तुझ पर
बल्कि पूछेगा ख़ुदा भी तो मुकर जाएंगे

1	Divinity	2	Care/Concern
3	God	4	Doctor
5	Pulse	6	Old age
7	Youthfulness/Prime of life	8	Dreams
9	Civility/Politeness	10	Method
11	Long-necked jar	12	Continuing/Prevalent
13	Grace	14	Neck
15	Slaughter/Murder	16	Allegation
17	But/On the contrary	18	To refute or deny

Rahtaa sukhan[1] se naam qayaamat[2] talak hai 'zauq'
Aulaad[3] se rahe yahii do pusht[4] chaar pusht

रहता सुख़न से नाम क़यामत तलक है 'ज़ौक़'
औलाद से रहे यही दो पुश्त चार पुश्त

Khat[5] badhaa kaakul[6] badhe zulfen[7] badhiin gesuu[8] badhe
Husn[9] kii sarkaar[10] men jitne badhe hinduu badhe

ख़त बढ़ा काकुल बढ़े जुल्फ़ें बढ़ीं गेसू बढ़े
हुस्न की सरकार में जितने बढ़े हिन्दू बढ़े

Phuul to do din bahaar-e-jaan-fazaa[11] dikhlaa gae
Hasrat[12] un ghunchon[13] pe hai jo bin khile murjhaa[14] gae

फूल तो दो दिन बहार-ए-जान-फ़ज़ा दिखला गए
हसरत उन घुन्चों पे है जो बिन खिले मुरझा गए

Shukr[15] parde[16] hii men us but[17] ko hayaa[18] ne rakkhaa
Varna[19] iimaan[20] gayaa hii thaa khudaa ne rakkhaa[21]

शुक्र परदे ही में उस बुत को हया ने रक्खा
वार्ना ईमान गया ही था ख़ुदा ने रक्खा

Baaqii hai dil men shaikh[22] ke hasrat[23] gunaah[24] kii
Kaalaa karegaa munh bhii jo daadhii[25] siyaah[26] kii

बाक़ी है दिल में शैख़ के हसरत गुनाह की
काला करेगा मुंह भी जो दाढ़ी सियाह की

1	Language	2	Resurrection/The last day
3	Offspring/Descendents	4	Generation
5	Facial hair	6	Curls
7	Hair	8	Long tresses
9	Beauty	10	Estate
11	Life-invigorating spring	12	Sense of deprivation/Regret
13	Flower-buds	14	Wilt
15	Gratitude/Thanks	16	Veil
17	Beloved/Idol	18	Modesty
19	Or else	20	Integrity
21	Preserved	22	Elderly Muslim man
23	Longing	24	Sin
25	Beard	26	Dyed black

Maut[1] ne kar diyaa laachaar[2] vagarna[3] insaan[4]
Hai vo khud-biin[5] ki khudaa kaa bhii na qaail[6] hotaa

मौत ने कर दिया लाचार वगरना इंसान
है वो ख़ुद-बीन कि ख़ुदा का भी न क़ाइल होता

Hamen nargis[7] kaa dasta[8] ghair[9] ke haathon se kyuun bhejaa
Jo aankhen hii dikhaanii thiin dikhaate apnii nazron se

हमें नरगिस का दस्ता ग़ैर के हाथों से क्यूँ भेजा
जो आँखें ही दिखानी थीं दिखाते अपनी नज़रों से

Baad ranjish[10] ke gale milte hue ruktaa hai dil
Ab munaasib[11] hai yahii kuchh main badhuun kuchh tuu badhe

बाद रंजिश के गले मिलते हुए रुकता है दिल
अब मुनासिब है यही कुछ मैं बढ़ूँ कुछ तू बढ़े

Ek patthar puujne ko shaikh[12] jii kaabe[13] gae
'Zauq' har but[14] qaabil-e-bosa[15] hai is but-khaane[16] men

एक पत्थर पूजने को शैख़ जी क़ाबे गए
'ज़ौक़' हर बुत क़ाबिल-इ-बोसा है इस बुत-ख़ाने में

Nikaaluun kis tarah siine se apne tiir-e-jaanaan[17] ko
Na paikaan[18] dil ko chhode hai[19], na dil chhode hai paikaan ko

निकालूँ किस तरह सीने से अपने तीर-ए-जानां को
न पैकान दिल को छोड़े है, न दिल छोड़े है पैकान को

1	Mortality	2	Powerless
3	Or else	4	Human being
5	Self-conceited	6	Acknowledging
7	Narcissus, a showy yellow flower	8	Bunch
9	Rival in love	10	Estrangement
11	Appropriate/Expedient	12	Elderly Muslim man
13	Cube-shaped building in the holy mosque	14	Idol/Beloved
15	Deserving of kisses	16	Temple/Abode of idols
17	Arrow of beloved	18	Tip of an arrow
19	Leaves		

Piir-e-mughaan[1] ke paas vo daaruu[2] hai jis se 'zauq'
Naamard[3] mard mard-e-javaan-mard[4] ho gayaa

पीर-ए-मुग़ाँ के पास वो दारू है जिस से 'ज़ौक़'
नामर्द मर्द मर्द-ए-जवान-मर्द हो गया

Raahat[5] ke vaaste[6] hai mujhe aarzu-e-marg[7]
Ai 'zauq' gar jo chain na aayaa qazaa[8] ke baad

राहत के वास्ते है मुझे आरज़ू-ए-मर्ग
ऐ 'ज़ौक़' गर जो चैन न आया क़ज़ा के बाद

Aziizo[9] is ko na ghadiyal[10] kii sadaa[11] samjho
Ye umr-e-rafta[12] kii apnii sadaa-e-paa[13] samjho

अज़ीज़ो इस को न घड़ियाल की सदा समझो
ये उम्र-ए-रफ़्ता की अपनी सदा-ए-पा समझो

Hai ain-e-vasl[14] men bhii mirii chashm[15] suu-e-dar[16]
Lapkaa[17] jo pad gayaa hai mujhe intizaar[18] kaa

है ऐन-ए-वस्ल में भी मिरी चश्म सू-ए-दर
लपका जो पड़ गया है मुझे इन्तिज़ार का

Kahte hain aaj 'zauq' jahaan se guzar gayaa[19]
Kyaa khuub aadmii thaa khudaa maghfirat[20] kare

कहते हैं आज 'ज़ौक़' जहां से गुज़र गया
क्या ख़ूब आदमी था ख़ुदा मग़फ़िरत करे

1	Keeper of wine tavern	2	Wine/Liquor
3	Unmanly	4	Youthful man
5	Cessation of troubles	6	For the sake of
7	Desire for death	8	Death
9	Dear ones	10	Bell to strike to strike the hours on
11	Sound	12	Elapsed time
13	Sound of footsteps	14	At the time of sexual union
15	Eyes	16	Towards the door
17	Bad habit	18	Expectation
19	Passed away	20	Salvation/Deliverance

HAIDER ALI AATISH b 1778 d 1847

Ai sanam[1] jis ne tujhe chaand sii[2] suurat[3] dii hai
Usii allaah ne mujh ko bhii mohabbat dii hai

ऐ सनम जिस ने तुझे चाँद सी सूरत दी है
उसी अल्लाह ने मुझ को भी मोहब्बत दी है

But-khaana[4] tod daaliye masjid ko dhaaiye[5]
Dil ko na todiye ye khudaa kaa maqaam[6] hai

बुत-ख़ाना तोड़ डालिये मस्जिद को ढाइये
दिल को न तोड़िये ये ख़ुदा का मक़ाम है

Na paak[7] hogaa kabhii[8] husn-o-ishq[9] kaa jhagdaa[10]
Vo qissa[11] hai ye ki jis kaa koii gavaah[12] nahiin

न पाक होगा कभी हुस्न-ओ-इश्क़ का झगड़ा
वो क़िस्सा है ये कि जिस का कोई गवाह नहीं

Sun[13] to sahii jahaan[14] men hai teraa fasaana[15] kyaa
Kahtii hai tujh ko khalq-e-khudaa[16] ghaaebaana[17] kyaa

सुन तो सही जहां में है तेरा फ़साना क्या
कहती है तुझ को ख़ल्क़-ए-ख़ुदा ग़ायबाना क्या

---

1 Beloved	2 Like the moon
3 Face/Appearance	4 Temple (Place for idols)
5 Pull down	6 Location/Position
7 Pure/Clean	8 Ever
9 Beauty and all-consuming love	10 Dispute
11 Affair/Matter	12 Eyewitness
13 Listen	14 World
15 Story	16 God's creatures
17 In one's absence	

Kuchh nazar aataa nahiin us ke tasavvur[1] ke sivaa
Hasrat-e-diidaar[2] ne aankhon ko andhaa kar diyaa

कुछ नज़र आता नहीं उस के तसव्वुर के सिवा
हसरत-ए-दीदार ने आँखों को अंधा कर दिया

Badaa shor sunte the pahluu[3] men dil kaa
Jo chiiraa[4] to ik qatra-e-khuun[5] na niklaa

बड़ा शोर सुनते थे पहलू में दिल का
जो चीरा तो इक क़तरा-ए-ख़ून न निकला

Doston se is qadar sadme[6] uthaae jaan par
Dil se dushman kii adaavat[7] kaa gila[8] jaataa rahaa

दोस्तों से इस क़दर सदमे उठाए जान पर
दिल से दुश्मन की अदावत का गिला जाता रहा

Yaar ko main ne mujhe yaar ne sone na diyaa
Raat bhar taala-e-bedaar[9] ne sone na diyaa

यार को मैं ने मुझे यार ने सोने न दिया
रात भर ताला-ए-बेदार ने सोने न दिया

Jo dekhte tirii zanjiir-e-zulf[10] kaa aalam[11]
Asiir[12] hone kii aazaad[13] aarzuu[14] karte

जो देखते तिरी ज़ंजीर-ए-ज़ुल्फ़ का आलम
असीर होने की आज़ाद आरज़ू करते

---

1 Imagination	2 Yearning to see
3 Side/Flank	4 Cut/Make an incision
5 Drop of blood	6 Shocks
7 Enmity/Malice	8 Complaint/Lamentation
9 Awakened fortune	10 Chain of tresses
11 World	12 Prisoner in love
13 Free men	14 Longing/Desire

Aap kii naazuk[1] kamar[2] par bojh[3] padtaa hai bahut
Badh chale hain had se gesuu[4] kuchh inhen kam kiijiye

आप की नाज़ुक कमर पर बोझ पड़ता है बहुत
बढ़ चले हैं हद से गेसू कुछ इन्हें कम कीजिये

Uth gaii hain saamne se kaisii kaisii suuraten
Roiye kis ke liye kis kis kaa maatam[5] kiijiye

उठ गई हैं सामने से कैसी कैसी सूरतें
रोइये किस के लिए किस किस का मातम कीजिये

Na puuchh haal miraa chob-e-khushk-e-sahraa[6] huun
Lagaa ke aag mujhe kaarvaan ravaana[7] huaa

न पूछ हाल मिरा चोब-ए-ख़ुश्क-ए-सहरा हूँ
लगा के आग मुझे कारवाँ रवाना हुआ

Be-gintii[8] bose lenge rukh-e-dil-pasand[9] ke
Aashiq[10] tire padhe nahin ilm-e-hisaab[11] ko

बे-गिनती बोसे लेंगे रुख़-ए-दिल-पसंद के
आशिक़ तिरे पढ़े नहीं इल्म-ए-हिसाब को

Aae bhii log baithe bhii uth bhii khade hue
Main jaa[12] hii dhuundtaa[13] tirii mahfil[14] men rah gayaa

आए भी लोग बैठे भी उठ भी खड़े हुए
मैं जा ही ढूँढ़ता तिरी महफ़िल में रह गया

---

1 Delicate	2 Waist
3 Load	4 Tresses of hair
5 Mourning	6 Stick in dry desert
7 Departed	8 Countless
9 Face of the beloved	10 Suiters/Infatuated
11 Mathematics	12 Space
13 Searching	14 Gathering/Congregation

Duniyaa o aakhirat[1] men talabgaar[2] hain tire
Haasil[3] tujhe samajhte hain donon jahaan[4] men ham

दुनिया ओ आख़िरत में तलबगार हैं तिरे
हासिल तुझे समझते हैं दोनों जहां में हम

Har shab shab-e-baraat[5] hai har roz roz-e-iid[6]
Sotaa huun haath gardan-e-miinaa[7] men daal ke

हर शब् शब्-ए-बरात है हर रोज़ रोज़-ए-ईद
सोता हूँ हाथ गर्दन-ए-मीना में डाल के

Mehndii lagaane kaa jo khayaal aayaa aap ko
Suukhe hue darakht[8] hinaa[9] ke hare hue

मेहंदी लगाने का जो ख़याल आया आप को
सूखे हुए दरख़्त हिना के हरे हुए

Aafat-e-jaan[10] huii us ruu-e-kitaabii[11] kii yaad
Raas aayaa[12] na mujhe haafiz-e-quraan[13] honaa

आफ़त-ए-जान हुई उस रू-ए-किताबी की याद
रास आया न मुझे हाफ़िज़-ए-क़ुरआन होना

Aadmii kyaa vo na samjhe jo sukhan[14] kii qadr[15] ko
Nutq[16] ne haivaan[17] se musht-e-khaak[18] ko insaan kiyaa

आदमी क्या वो न समझे जो सुख़न की क़द्र को
नुत्क़ ने हैवान से मुश्त-ए-ख़ाक को इंसां किया

1	Life after death/Afterlife	2	Seeker/Desirous
3	Gained/Acquired	4	Both worlds
5	Festive night of forgiveness and reward	6	Festive day of Eid
7	Neck of a goblet of wine	8	Trees
9	Henna	10	Tormentor/Beloved
11	Face of a classical beauty	12	Find appealing
13	One who learns the Quran by heart	14	Speech/Dialogue/Words
15	Merit/Appreciation	16	Power of speech/Language
17	Uncivilised person/Brute	18	Handful of dust/Human being

Shab-e-vasl[1] thii chaandnii kaa samaan[2] thaa
Baghal[3] men sanam[4] thaa khudaa mehrbaan[5] thaa

शब्-ए-वस्ल थी चांदनी का समां था
बग़ल में सनम था ख़ुदा मेहरबान था

Kufr[6] o islaam[7] kii kuchh qaid[8] nahiin ai 'aatish'
Shaikh[9] ho yaa ki barhaman[10] ho par insaan hove

कुफ़्र ओ इस्लाम की कुछ क़ैद नहीं ऐ 'आतिश'
शैख़ हो या कि बरहमन हो पर इंसां होवे

Aasmaan aur zamiin kaa hai tafaavut[11] har-chand[12]
Ai sanam duur hii se chaand saa mukhdaa[13] dikhlaa

आसमान और ज़मीन का है तफ़ावुत हर-चंद
ऐ सनम दूर ही से चाँद सा मुखड़ा दिखला

Qaid-e-mazhab[14] kii giraftaarii[15] se chhut jaataa hai
Ho na diivaana[16] to hai aql[17] se insaan khaalii[18]

क़ैद-ए-मज़हब की गिरफ़्तारी से छूट जाता है
हो न दीवाना तो है अक़्ल से इंसां ख़ाली

Kisii ne mol[19] na puuchhaa dil-e-shikasta[20] kaa
Koii khariid[21] ke tuutaa piyaala[22] kyaa kartaa

किसी ने मोल न पूछा दिल-ए-शिकस्ता का
कोई ख़रीद के टूटा पियाला क्या करता

1	*Night of sexual union*	2	*Atmosphere*
3	*On one's side*	4	*Beloved*
5	*Kind*	6	*Unbelief in the Islamic faith*
7	*Islamic faith*	8	*Confinement*
9	*Muslim man of religion*	10	*Brahmin*
11	*Difference/Distinction*	12	*Not withstanding/However*
13	*Face*	14	*Confines of religion*
15	*Bondage*	16	*Frenzied lover*
17	*Wisdom*	18	*Bereft/Deprived*
19	*Price*	20	*Broken heart*
21	*Act of buying*	22	*Cup*

Hamesha main ne garebaan[1] ko chaak chaak[2] kiyaa
Tamaam[3] umr rafuugar[4] rahe rafuu[5] karte

हमेशा मैं ने गरेबान को चाक चाक किया
तमाम उम्र रफ़ूगर रहे रफ़ू करते

Kaat kar par[6] mutmain[7] sayyaad[8] be-parvaa[9] na ho
Ruuh[10] bulbul kii iraada rakhtii hai parvaaz[11] kaa

काट कर पर मुत्मइन सय्याद बे-परवा न हो
रूह बुलबुल की इरादा रखती है परवाज़ का

Adam[12] se dahr[13] men aanaa kise gavaaraa[14] thaa
Kashaan kashaan[15] mujhe laaii hai aarzuu[16] terii

अदम से दहर में आना किसे ग़वारा था
कशां कशां मुझे लाई है आर्ज़ू तेरी

Masnad-e-shaahii[17] kii hasrat[18] ham faqiiron[19] ko nahiin
Farsh[20] hai ghar men hamaare chaadar-e-mahtaab[21] kaa

मसनद-ए-शाही की हसरत हम फ़क़ीरों को नहीं
फ़र्श है घर में हमारे चादर-ए-महताब का

Aasaar-e-ishq[22] aankhon se hone lage ayaan[23]
Bedaarii[24] kii taraqqii[25] huii khvaab[26] kam huaa

आसार-ए-इश्क़ आँखों से होने लगे अयां
बेदारी की तरक़्क़ी हुई ख़्वाब कम हुआ

1	Collar	2	Tear apart
3	Entire	4	Cloth darner
5	Darning	6	Wings
7	State of ease	8	Hunter
9	Carefree	10	Spirit
11	Flight	12	State of non-existence/Eternity
13	World	14	Bearable/Tolerable
15	Dragging	16	Yearning/Desire
17	Ceremonial chair of a king	18	Desire
19	Ascetics	20	Floor
21	Bedspread of moonlight	22	Possibility of love
23	Evident/Obvious	24	Wakefulness
25	Progress/Advancement	26	Dreams

Mujh men aur shama[1] men hotii thii ye baaten shab-e-hijr[2]
Aaj kii raat bachenge to to sahar[3] dekhen ge

मुझ में और शमा में होती थी ये बातें शब्-ए-हिज्र
आज की रात बचेंगे तो तो सहर देखें गे

Main us gulshan[4] kaa bulbul[5] huun bahaar aane nahiin paatii
Ki sayyaad[6] aan kar meraa gulistaan[7] mol lete[8] hain

मैं उस गुलशन का बुलबुल हूँ बहार आने नहीं पाती
कि सय्याद आन कर मेरा गुलिस्तां मोल लेते हैं

Ai falak[9] kuchh to asar husn-e-amal[10] men hotaa
Shiisha[11] ik roz to vaaiz[12] ke baghal men hotaa

ऐ फ़लक कुछ तो असर हुस्न-ए-अमल में होता
शीशा इक रोज़ तो वाइज़ के बग़ल में होता

Ye aarzuu[13] thii tujhe gul ke ruu-ba-ruu[14] karte
Ham aur bulbul-e-betaab[15] guftuguu[16] karte

ये आर्ज़ू थी तुझे गुल के रू-ब-रू करते
हम और बुलबुल-ए-बेताब गुफ़्तुगू करते

Bandish-e-alfaaz[17] jadne[18] se nagon[19] ke kam nahiin
Shaairii bhii kaam hai 'aatish' murassa-saz[20] kaa

बंदिश-ए-अलफ़ाज़ जड़ने से नगों के कम नहीं
शायरी भी काम है 'आतिश' मुरस्सा साज़ का

1	Lamp	2	Night of separation
3	Dawn	4	Garden
5	Nightingale	6	Hunter
7	Garden	8	Buy
9	Sky	10	Good deeds
11	Glass	12	Preacher
13	Yearning	14	Face-to-face
15	Restless nightingale	16	Conversation/Chitchat
17	Setting of words	18	Connect/Tie together
19	Gem/Jewel	20	Stone-setter/Lapidary

BAHADUR SHAH ZAFAR b 1775 d 1862

Kitnaa hai bad-nasiib[1] 'zafar' dafn[2] ke liye
Do gaz[3] zamiin bhii na milii kuu-e-yaar[4] men
कितना है बद-नसीब 'ज़फर' दफ़्न के लिए
दो गज़ ज़मीन भी न मिली कू-ए-यार में

Ham hii un ko baam[5] pe laae aur hamiin mahruum[6] rahe
Parda[7] hamaare naam se[8] utthaa[9] aankh ladaaii[10] logon ne
हम ही उन को बाम पे लाए और हमीं महरूम रहे
पर्दा हमारे नाम से उठा आँख लड़ाई लोगों ने

Ho gayaa[11] jis din se apne dil par us ko ikhtiyaar[12]
Ikhtiyaar apnaa gayaa be-ikhtiyaarii[13] rah gaii
हो गया जिस दिन से अपने दिल पर उस को इख़्तियार
इख़्तियार अपना गया बे-इख़्तियारी रह गई

Na kuchh ham hans ke[14] siikhe[15] hain na kuchh ham ro ke[16] siikhe hain
Jo kuchh thodaa[17] saa siikhe hain tumhaare ho ke[18] siikhe hain
न कुछ हम हंस के सीखे हैं न कुछ हम रो के सीखे हैं
जो कुछ थोड़ा सा सीखे हैं तुम्हारे हो के सीखे हैं

---

1 Unfortunate/Unlucky	2 Burial of a corpse
3 Yard (measure)	4 The street where the beloved lives
5 Terrace/Balcony	6 Deprived/Excluded
7 Veil	8 In my name
9 Lifted	10 Exchange glances of love
11 Happened	12 Control/Authority
13 Helplessness/Without choice	14 By laughing
15 Learn	16 By weeping
17 A little	18 Becoming yours

IMAM BAKSH NASIKH b 1772 d 1838

Zindagii[1] zinda-dilii[2] kaa hai naam
Murda-dil[3] khaak[4] jiyaa karte hain
ज़िंदगी ज़िंदा-दिली का है नाम
मुर्दा-दिल ख़ाक जिया करते हैं

Terii suurat[5] se kisii kii nahiin miltii[6] suurat
Ham jahaan men tirii tasviir[7] liye phirte[8] hain
तेरी सूरत से किसी की नहीं मिलती सूरत
हम जहां में तिरी तस्वीर लिए फ़िरते हैं

Siyah-bakhtii[9] men kab koii kisii kaa saath detaa[10] hai
Ki taariikii[11] men saayaa[12] bhii judaa[13] rahta hai insaan[14] se
सियाह-बख़्ती में कब कोई किसी का साथ देता है
कि तारीक़ी में साया भी जुदा रहता है इंसां से

Justujuu[15] karnii har ik amr[16] men naadaanii[17] hai
Jo ki peshaanii[18] pe likkhii[19] hai vo pesh aanii[20] hai
जुस्तुजू करनी हर इक अम्र में नादानी है
जो कि पेशानी पे लिक्खी है वो पेश आनी है

---

1 Life	2 Full of happiness and excitement
3 Dejected	4 Dust/Ashes/Hardly
5 Appearance	6 Matches
7 Portrait	8 Roam around
9 Misfortune	10 Stands by/Supports
11 Darkness	12 Shadow
13 Separated/Detached	14 Person
15 Search/Quest	16 Matter/Affair
17 Foolishness	18 Forehead
19 Written	20 Will happen

Dariyaa-e-husn[1] aur bhii do haath badh gayaa
Angdaaii[2] us ne nashshe[3] men lii jab uthaa ke haath

दरिया-ए-हुस्न और भी दो हाथ बढ़ गया
अंगड़ाई उस ने नश्शे में ली जब उठा के हाथ

Ghair[4] se khelii hai holii yaar ne
Daale mujh par diida-e-khuun-baar[5] rang

ग़ैर से खेली है होली यार ने
डाले मुझ पर दीदा-ए-ख़ून-बार रंग

Tamaam[6] umr yuun hii ho gaii basar[7] apnii
Shab-e-firaaq[8] gaii roz-e-intizaar[9] aayaa

तमाम उम्र यूं ही हो गई बसर अपनी
शब्-ए-फ़िराक गई रोज़-ए-इन्तिज़ार आया

Tiin tribeni[10] hain do aankhen mirii
Ab allahabad bhii punjab hai

तीन त्रिबेनी हैं दो आँखें मिरी
अब अल्लाहाबाद भी पंजाब है

Ai ajal[11] ek din aakhir[12] tujhe aanaa hai vale[13]
Aaj aatii shab-e-furqat[14] men to ehsaan[15] hotaa

ऐ अजल एक दिन आख़िर तुझे आना है वले
आज आती शब्-ए-फ़ुरक़त में तो एहसान होता

---

1 Sea of beauty	2 Stretching of arms due to drowsiness
3 In a state of intoxication	4 Rival/Stranger
5 Eyes shedding tears of blood	6 Entire
7 Course of life	8 Night of separation
9 The day of waiting with expectation	10 Confluence of three rivers
11 Death	12 Ultimately
13 But/However	14 The day of separation from a lover
15 Obligation/Favour	

Zulfon[1] men kiyaa qaid[2] na abruu[3] se kiyaa qatl[4]
Tuu ne to koii baat na maanii mire dil kii

जुल्फ़ों में किया क़ैद न अब्रू से किया क़त्ल
तू ने तो कोई बात न मानी मिरे दिल की

Shubh[5] 'naasikh' nahiin kuchh 'miir' kii ustaadii[6] men
Aap be-bahra[7] hai jo motaqid-e-'miir'[8] nahiin

शुब्ह 'नासिख़' नहीं कुछ 'मीर' की उस्तादी में
आप बे-बहरा है जो मोतक़िद-ए-'मीर' नहीं

Kis tarah chhoduun yakaayak[9] terii zulfon[10] kaa khayaal[11]
Ek muddat[12] ke ye kaale naag[13] hain paale hue

किस तरह छोड़ूँ यकायक तेरी जुल्फ़ों का ख़याल
एक मुद्दत के ये काले नाग हैं पाले हुए

Furqat-e-yaar[14] men insaan huun main yaa ki sahaab[15]
Har baras aa ke rulaa jaatii hai barsaat mujhe

फुरक़त-ए-यार में इंसां हूँ मैं या कि सहाब
हर बरस आ के रुला जाती है बरसात मुझे

Ho gayaa zard[16] padii jis pe hasiinon kii nazar[17]
Ye ajab gul hain ki taasiir-e-khizaan[18] rakhte hain

हो गया ज़र्द पड़ी जिस पे हसीनों की नज़र
ये अजब गुल हैं कि तासीर-ए-ख़िज़ाँ रखते हैं

1	Tresses of hair	2	Imprison
3	Eyebrows	4	Murder
5	Doubt	6	Expertise
7	Without advantage of gain	8	Believer/Adherent
9	All of a sudden	10	Tresses of hair
11	Thought/Imagination	12	Long period
13	Serpents	14	Separation from lover
15	Cloud	16	Pale
17	Glance	18	Influence of autumn

Kaam kyaa nikle kisii tadbiir[1] se
Aadmii majbuur[2] hai taqdiir[3] se

काम क्या निकले किसी तदबीर से
आदमी मजबूर है तक़दीर से

Aatii jaatii hai jaa-ba-jaa[4] badlii[5]
Saaqiya[6] jald aa havaa badlii[7]

आती जाती है जा-ब-जा बदली
साक़िया जल्द आ हवा बदली

Dil siyah[8] hai baal hain sab apne piirii[9] men safed[10]
Ghar ke andar hai andheraa aur baahar chaandnii

दिल सियाह है बाल हैं सब अपने पीरी में सफ़ेद
घर के अंदर है अन्धेरा और बाहर चांदनी

Furqat[11] qubuul[12] rashk[13] ke sadme[14] nahiin qubuul
Kyaa aaen ham raqiib[15] terii anjuman[16] men hai

फुरक़त क़ुबूल रश्क के सदमे नहीं क़ुबूल
क्या आएं हम रक़ीब तेरी अंजुमन में है

Munh aap ko dikhaa nahiin saktaa hai sharm[17] se
Is vaaste[18] hai piith idhar aaftaab[19] kii

मुंह आप को दिखा नहीं सकता है शर्म से
इस वास्ते है पीठ इधर आफ़ताब की

---

1 Planning	2 Compelled/Helpless
3 Destiny/Fate	4 Here and there/Everywhere
5 Clouds	6 Lady bar-tender
7 Changes	8 Black
9 Old age	10 White
11 Separation from lover	12 Acceptable
13 Malice/Spite	14 Shocks
15 Rival in love	16 Assembly
17 Shame	18 For this reason
19 Sun	

Dekh kar tujh ko qadam[1] uth nahiin saktaa apnaa
Ban gae suurat-e-diivar[2] tire kuuche[3] men

देख कर तुझ को क़दम उठ नहीं सकता अपना
बन गए सूरत-ए-दीवार तिरे कूचे में

Jism[4] aisaa ghul[5] gayaa hai mujh mariiz-e-ishq[6] kaa
Dekh kar kahte hain sab taaviiz[7] hai baazuu[8] nahiin

जिस्म ऐसा घुल गया है मुझ मरीज़-ए-इश्क़ का
देख कर कहते हैं सब तावीज़ है बाज़ू नहीं

Taazgii[9] hai sukhan-e-kuhna[10] men ye baad-e-vafaat[11]
Log aksar mire jiine kaa gumaan[12] rakhte hain

ताज़गी है सुख़न-ए-कुहना में ये बाद-ए-वफ़ात
लोग अक्सर मिरे जीने का गुमान रखते हैं

Khvaab[13] hii men nazar aa jaae shab-e-hijr[14] kahiin
So mujhe hasrat-e-diidaar[15] ne sone na diyaa

ख़्वाब ही में नज़र आ जाए शब्-ए-हिज्र कहीं
सो मुझे हसरत-ए-दीदार ने सोने न दिया

Baad murdan[16] bhii hai teraa khauf[17] mujh ko is qadar[18]
Aankh uthaa kar main ne jannat[19] men na dekhaa huur[20] ko

बाद मुर्दान भी है तेरा ख़ौफ़ मुझ को इस क़दर
आँख उठा कर मैं ने जन्नत में न देखा हूर को

1	Step	2	Immobile like a wall
3	Lane	4	Flesh/Body
5	Dissolve	6	Victim of love
7	Amulet	8	Arm
9	Freshness	10	Ancient poetry
11	After death	12	Doubt
13	Dream	14	Night of separation from a lover
15	Yearning to see	16	Death
17	Fear/Dread	18	Extent/Amount
19	Paradise	20	Beautiful nymph of paradise

MAH LAQA CHANDA b 1768 d 1824

Gul[1] ke hone kii tavaqqoa[2] pe jiye baithii[3] hai
Har kalii[4] jaan ko mutthii[5] men liye baithii hai

गुल के होने की तवक़्क़ोअ पे जिए बैठी है
हर कली जान को मुट्ठी में लिए बैठी है

Kabhii sayyaad[6] kaa khatkaa[7] hai kabhii khauf-e-khizaan[8]
Bulbul ab jaan hathelii pe[9] liye baithii hai

कभी सय्याद का खटका है कभी ख़ौफ़-ए-ख़िज़ाँ
बुलबुल अब जान हथेली पे लिए बैठी है

Gar[10] mire dil ko churaayaa[11] nahiin tuu ne zaalim[12]
Khol[13] de band hathelii[14] ko dikhaa[15] haathon ko

गर मिरे दिल को चुराया नहीं तू ने ज़ालिम
खोल दे बंद हथेली को दिखा हाथों को

Tiir-o-talvaar[16] se badh kar hai tirii tirchhii[17] nigaah[18]
Saikdon[19] aashiqon kaa khuun[20] kiye baithii hai

तीर-ओ-तलवार से बढ़ कर है तिरी तिरछी निगाह
सैकड़ों आशिक़ों का ख़ून किये बैठी है

---

1 Flower	2 Expectation
3 Sits waiting	4 Bud
5 Fist	6 Hunter
7 Fear/Dread	8 Fear of autumn
9 Ready to take a risk	10 In case
11 Stole my heart	12 Tyrant/Beloved
13 Open	14 Palm
15 Show	16 Arrow and sword
17 Awry/Slanting	18 Glance
19 In the hundreds	20 Murder

GHULAM HAMDANI MUSHAFI b 1747 d 1824

'Mushafi' ham to ye samjhe[1] the ki hogaa koii zakhm[2]
Tere dil[3] men to bahut kaam[4] rafuu[5] kaa niklaa[6]

'मुसहफ़ी' हम तो ये समझे थे कि होगा कोई ज़ख़्म
तेरे दिल में तो बहुत काम रफू का निकला

Eid[7] ab ke bhii gaii yuunhii[8] kisii ne na kahaa[9]
Ki tire yaar ko ham tujh se milaa[10] dete hain

ईद अब के भी गई यूँही किसी ने न कहा
कि तिरे यार को हम तुझ से मिला देते हैं

Baal[11] apne badhaate[12] hain kis vaaste[13] diivaane[14]
Kyaa shahr-e-mohabbat[15] men hajjaam[16] nahiin hotaa

बाल अपने बढ़ाते हैं किस वास्ते दीवाने
क्या शहर-ए-मोहब्बत में हज्जाम नहीं होता

Chhed[17] mat har dam na aaiina[18] dikhaa
Apnii suurat[19] se khafaa[20] baithe hain ham

छेड़ मत हर दम न आईना दिखा
अपनी सूरत से ख़फ़ा बैठे हैं हम

---

1 Understood	2 Wound
3 Heart	4 Lot of workmanship
5 Darning	6 Emerged
7 Festival of Eid	8 Passed just like that or uneventfully
9 Said	10 Arrange to meet
11 Hair	12 Allow to grow
13 For what purpose	14 One crazy in love
15 City of love	16 Barber
17 Tease	18 Mirror
19 Appearance	20 Displeased/Offended

Hairaan[1] huun is qadar[2] ki shab-e-vasl[3] bhii mujhe
Tuu saamne[4] hai aur tiraa intizaar[5] hai

हैरान हूँ इस क़दर कि शब्-ए-वस्ल भी मुझे
तू सामने है और तिरा इन्तिज़ार है

Ai 'mushafii' tuu in se mohabbat na kiijiyo
Zaalim[6] ghazab[7] hii hotii hain ye dillii vaaliyaan

ऐ 'मुसहफ़ी' तू इन से मोहब्बत न कीजियो
ज़ालिम ग़ज़ब ही होती हैं ये दिल्ली वालियां

Aankhon ko phod daaluun[8] yaa dil ko tod[9] daaluun
Yaa ishq kii pakad kar[10] gardan[11] marod[12] daaluun

आँखों को फ़ोड़ डालूँ या दिल को तोड़ डालूँ
या इश्क़ की पकड़ कर गर्दन मरोड़ डालूँ

Ab mirii baat jo maane to na le ishq kaa naam
Tuu ne dukh[13] ai dil-e-naakaam[14] bahut saa paayaa

अब मिरी बात जो माने तो न ले इश्क़ का नाम
तू ने दुःख ऐ दिल-ए-नाकाम बहुत सा पाया

Eid[15] tuu aa ke mire jii ko jalaave[16] afsos[17]
Jis ke aane kii khushii[18] ho vo na aave afsos

ईद तू आ के मिरे जी को जलावे अफ़सोस
जिस के आने की ख़ुशी हो वो न आवे अफ़सोस

---

1 Astonished/Amazed	2 Importance/Greatness
3 Night of sexual union	4 In front of
5 Waiting for	6 Tyrant/Crazy in love
7 Fearful/Intense	8 Cause to burst
9 Break	10 Hold
11 Neck	12 Twist
13 Sorrow	14 A heart unsuccessful in love
15 Festival of Eid	16 Burn
17 Regret/Woe is me!	18 Happiness/Joy

Aastiin[1] us ne jo kuhnii[2] tak chadhaaii vaqt-e-subh[3]
Aa rahii saare badan kii be-hijaabii[4] haath men

आस्तीन उस ने जो कुहनी तक चढ़ाई वक़्त-ए-सुबह
आ रही सारे बदन की बे-हिजाबी हाथ में

Aasaan nahiin dariyaa-e-mohabbat[5] se guzarnaa[6]
Yaan nuuh[7] kii kashtii[8] ko bhii tuufaan kaa dar hai

आसान नहीं दरिया-ए-मोहब्बत से गुज़रना
यान नूह की कश्ती को भी तूफ़ान का डर है

Ab khudaa maghfirat[9] kare us kii
'Miir' marhuum[10] thaa ajab[11] koii

अब ख़ुदा मग़फ़िरत करे उस की
'मीर' मरहूम था अजब कोई

Chaman[12] ko aag lagaave hai baaghbaan[13] har roz
Nayaa[14] banaauun huun[15] main apnaa aashiyaan[16] har roz[17]

चमन को आग लगावे है बाग़बान हर रोज़
नया बनाऊँ हूँ मैं अपना आशियाँ हर रोज़

Dillii men apnaa thaa jo kuchh asbaab[18] rah gayaa
Ik dil ko le ke aae hain us sarzamiin[19] se ham

दिल्ली में अपना था जो कुछ असबाब रह गया
इक दिल को ले के आए हैं उस सरज़मीं से हम

1	Sleeve	2	Elbow
3	In the morning time	4	Immodesty
5	River of love	6	To pass
7	Prophet Noah	8	Boat/Ark
9	Remission of sins/Salvation	10	Deceased
11	Amazing	12	Garden
13	Gardener	14	New
15	I make	16	Garden
17	Daily	18	Household goods
19	Earth and sky		

Go[1] ki tuu 'miir' se huaa behtar[2]
'Mushafii' phir bhii 'miir' 'miir' hii hai

गो कि तू 'मीर' से हुआ बेहतर
'मुसहफ़ी' फिर भी 'मीर' 'मीर' ही है

Allaah-re tere silsila-e-zulf[3] kii kashish[4]
Jaataa hai jii udhar hii khinchaa[5] kaaenaat[6] kaa

अल्लाह-रे तेरे सिलसिला-ए-ज़ुल्फ़ की कशिश
जाता है जी उधर ही खिंचा काएनात का

Tire kuuche[7] har bahaane[8] mujhe din se raat karnaa
Kabhii is se baat karnaa kabhii us se baat karnaa

तिरे कूचे हर बहाने मुझे दिन से रात करना
कभी इस से बात करना कभी उस से बात करना

Laakh[9] ham sher kahen[10] laakh ibaarat[11] likkhen[12]
Baat[13] vo hai jo tire dil men jagah[14] paatii[15] hai

लाख हम शे'र कहें लाख इबारत लिक्खें
बात वो है जो तिरे दिल में जगह पाती है

Abhii aaghaaz-e-mohabbat[16] hai kuchh is kaa anjaam[17]
Tujh ko maaluum[18] hai ai diida-e-nam[19] kyaa hogaa

अभी आग़ाज़-ए-मोहब्बत है कुछ इस का अंजाम
तुझ को मालूम है ऐ दीदा-ए-नम क्या होगा

1	Though	2	Better
3	Chain-like tresses	4	Attraction
5	Drawn	6	Universe
7	Lane	8	Excuse
9	Many (hundred thousands)	10	Recite couplets
11	Text/Written passage	12	Write
13	Issue/Matter	14	Place
15	Gets	16	Beginning of love
17	Result	18	Evident/Known
19	Teary eyes		

Ik din to lipat[1] jaae tasavvur[2] hii se tere
Ye bhii dil-e-naamard[3] ko jurat[4] nahiin miltii

इक दिन तो लिपट जाए तसव्वुर ही से तेरे
ये भी दिल-ए-नामर्द को जुरअत नहीं मिलती

Aasmaan ko nishaana[5] karte hain
Tiir[6] rakhte hain jab kamaan[7] men ham

आसमान को निशाना करते हैं
तीर रखते हैं जब कमान में हम

Ai kaash[8] koii shama[9] ke le jaa ke mujhe paas
Ye baat kahe[10] us se ki parvaana[11] hai ye bhii

ऐ काश कोई शमा के ले जा के मुझे पास
ये बात कहे उस से कि परवाना है ये भी

Is havaa[12] men kar rahe hain ham tiraa hii intizaar[13]
Aa kahiin jaldii se saaqii[14] shiisha o saaghar[15] samet[16]

इस हवा में कर रहे हैं हम तिरा ही इन्तिज़ार
आ कहीं जल्दी से साक़ी शीशा ओ सागर समेट

Shokhii-e-husn[17] ke nazzaare[18] kii taaqat[19] hai kahaan
Tifl-e-naadaan[20] huun main bijlii[21] se dahal[22] jaataa huun

शोख़ी-ए-हुस्न के नज़्ज़ारे की ताक़त है कहाँ
तिफ़्ल-ए-नादान हूँ मैं बिजली से दहल जाता हूँ

1	Clings to	2	Imagination
3	Impotent heart	4	Courage
5	Target	6	Arrow
7	Bow	8	God grant!
9	Candle/Lamp	10	Says/Tells
11	Moth flying around a flame/Lover	12	Breeze
13	Expectant wait	14	One who serves wine/Sweetheart
15	Glass and goblet	16	Bring together
17	Playfulness of beauty	18	Panorama/Scene
19	Strength	20	Innocent child
21	Electricity	22	Get alarmed

Daagh-e-dil[1] shab[2] ko jo bantaa hai charaagh-e-dahliiz[3]
Raushnii[4] ghar men mire rahtii hai andar baahar[5]

दाग़-ए-दिल शब़ को जो बनता है चराग़-ए-दहलीज़
रौशनी घर में मिरे रहती है अंदर बाहर

Un ko bhii tire ishq ne be-parda[6] phiraayaa[7]
Jo parda-nashiin[8] aurten rusvaa[9] na huiin thiin

उन को भी तिरे इश्क़ ने बे-पर्दा फिराया
जो पर्दा-नशीन औरतें रुसवा न हुईं थीं

Hosh ud jaaenge ai zulf-e-pareshaan[10] tere
Gar[11] main ahvaal[12] likhaa apnii pareshaanii[13] kaa

होश उड़ जाएंगे ऐ ज़ुल्फ़-ए-परेशान तेरे
गर मैं अहवाल लिखा अपनी परेशानी का

Aaghosh[14] kii hasrat[15] ko bas dil hii men maarungaa
Ab haath tirii khaatir[16] phailaauun[17] to kuchh kahnaa

आग़ोश की हसरत को बस दिल ही में मारूंगा
अब हाथ तिरी ख़ातिर फैलाऊँ तो कुछ कहना

Aadmii[18] se aadmii kii jab na haajat[19] ho ravaa[20]
Kyuun khudaa hii kii kare itnii na phir yaad[21] aadmii

आदमी से आदमी की जब न हाजत हो रवा
क्यूँ ख़ुदा ही की करे इतनी न फिर याद आदमी

1	Sorrow/Grief	2	Night
3	Lamp on the threshold	4	Light
5	Inside and outside	6	Unveiled
7	Made to roam	8	Veiled
9	Disgraced	10	Disheveled hair
11	If/In the event of	12	State of being/Condition
13	Confusion/Distress	14	Embrace
15	Unfulfilled desirePanorama/Scene	16	Regard/Cordiality
17	Spread	18	Human
19	Need/Want/Necessity	20	In existence/Current
21	Remember		

Jamunaa men kal nahaa kar jab us ne baal baandhe
Ham ne bhii apne dil men kyaa kyaa khayaal[1] baandhe

जमुना में कल नहा कर जब उस ने बाल बांधे
हम ने भी अपने दिल में क्या क्या ख़याल बांधे

Kyaa kyaa badan-e-saaf[2] nazar[3] aate hain ham ko
Kyaa kyaa shikam o naaf[4] nazar aate hain ham ko

क्या क्या बदन-ए-साफ़ नज़र आते हैं हम को
क्या क्या शिकम ओ नाफ नज़र आते हैं हम को

Aadhii raat[5] aae tire paas ye kis kaa hai jigar[6]
Chaunk mat[7] itnaa ki ai hosh-rubaa[8] ham hii hain

आधी रात आए तिरे पास ये किस का है जिगर
चौंक मत इतना कि ऐ होश-रुबा हम ही हैं

Ai dil-e-bejurat[9] itnii bhii na kar bejuratii[10]
Juz[11] sabaa[12] us gul kaa is dam[13] paasbaan[14] koii nahiin

ऐ दिल-ए-बेजुरअत इतनी भी न कर बेजुरअती
जुज़ सबा उस गुल का इस दम पासबाँ कोई नहीं

Maaluum[15] nahiin mujh ko ki jaavegaa kidhar ko
Yuun siina tiraa chaak-e-garebaan[16] se nikal kar

मालूम नहीं मुझ को कि जावेगा किधर को
यूं सीना तिरा चाक-ए-गिरेबान से निकल कर

---

1 Imagination/Thoughts	2 Blemishless body
3 Come into view	4 Stomach and navel
5 Midnight	6 Heart/Courage
7 Don't get alarmed	8 Bewildering/Beloved
9 Heart without courage	10 Lack of courage
11 Except/Save	12 Wind
13 Time/Instant	14 Watchman/Guard
15 Clear/Evident	16 Crazy in love lover with a tom collar

Kyuun sher-o-shaaerii[1] ko buraa jaanuun 'mushafi'

Jis shaaerii ne aarif-e-kaamil[2] kiyaa mujhe

क्यूँ शे'र-ओ-शायरी को बुरा जानूँ 'मुसहफ़ी'

जिस शायरी ने आरिफ़-ए-कामिल किया मुझे

Koii ghar baithe[3] kyaa jaane aziyyat[4] raah chalne kii

Safar[5] karte hain jab ranj-e-safar[6] maaluum[7] hotaa hai

कोई घर बैठे क्या जाने अज़िय्यत राह चलने की

सफर करते हैं जब रंज-ए-सफ़र मालूम होता हैं

Ik haal ho to yaaro us kaa bayaan[8] karen ham

Kyaa kyaa na aashiqii[9] men haalaat[10] kaate hain

इक हाल हो तो यारो उस का बयां करें हम

क्या क्या न आशिक़ी में हालात काटे हैं

Kuucha-e-zulf[11] men phirtaa[12] huun bhataktaa[13] kab kaa

Shab-e-taariik[14] hai aur miltii nahiin raah kahiin

कूचा-ए-जुल्फ़ में फिरता हूँ भटकता कब का

शब्-ए-तारीक हैं और मिलती नहीं राह कहीं

Nisbat[15] phir us se kyaa mah-e-daaghii[16] ko diijiye

Saare badan[17] men jis ke na ho ek til[18] kahiin

निस्बत फिर उस से क्या माह-ए-दाग़ी को दीजिये

सारे बदन में जिस के न हो एक तिल कहीं

1	Poetry	2	Master of divine secrets
3	Staying at home	4	Suffering/Distress
5	Journey	6	Distress and sorrow of the journey
7	Evident/Clear	8	Describe/Narrate
9	State of being in love	10	Conditions
11	Lane of beloved	12	Roam around
13	Wandering aimlessly	14	Dark night
15	Comparison	16	Blemished moon
17	Body	18	Black spot

Kuchh to miltaa hai mazaa saa shab-e-tanhaaii[1] men
Par ye maaluum[2] nahiin kis se ham-aaghosh[3] huun main

कुछ तो मिलता है मज़ा सा शब्-ए-तन्हाई में
पर ये मालूम नहीं किस से हम-आग़ोश हूँ मैं

Vaada-e-vasl[4] diyaa iid kii shab[5] ham ko sanam6
Aur tum jaa ke hue shiir-o-shakar[7] aur kahiin

वादा-ए-वस्ल दिया ईद की शब् हम को सनम
और तुम जा के हुए शीर-ओ-शकर और कहीं

Taariikii[8] men hotaa hai use vasl[9] mayassar[10]
Parvaana[11] kahaan jaae shabistaan[12] se nikal kar

तारीकी में होता है उसे वस्ल मयस्सर
परवाना कहाँ जाए शबिस्तां से निकल कर

Yaa-rab[13] kabhii vo din ho ki khalvat[14] men vo sanam
Khulvaae apne band-e-qabaa[15] mere haath se

या-रब कभी वो दिन हो कि ख़ल्वत में वो सनम
खुलवाए अपने बंद-ए-क़बा मेरे हाथ से

Shab[16] jo holii kii hai milne ko tire mukhde[17] se jaan
Chaand aur taare liye phirte hain afshaan[18] haath men

शब् जो होली की है मिलने को तिरे मुखड़े से जान
चाँद और तारे लिए फिरते हैं अफ़्शान हाथ में

---

1 *Night of loneliness*	2 *Know/Is evident*
3 *Locked in each other's arms*	4 *Promise of sexual union*
5 *Night*	6 *My beloved*
7 *Milk and sugar/Very close and intimate*	8 *Darkness*
9 *Sexual union*	10 *Facilitated/Rendered easy*
11 *Lover/Moth flying around a flame*	12 *Bed chamber*
13 *Oh God!*	14 *In privacy*
15 *Knot in the tunic/String to tie a robe*	16 *Night*
17 *Face*	18 *Glittering golden powder for the body*

Jo hai so tumhaaraa hii taraf-daar[1] hai saahib[2]
Hinduu hain hamaare na musalmaan hamaare

जो है सो तुम्हारा ही तरफ़-दार है साहिब
हिन्द हैं हमारे न मुसलमान हमारे

Aalam[3] ko ik halaak[4] kiyaa us ne 'mushafi'
Duniyaa[5] men is qadar[6] bhii koii khuub-ruu[7] na ho

आलम को इक हलाक किया उस ने 'मुसहफ़ी'
दुनिया में इस क़दर भी कोई खूब-रू न हो

Rekhta-goii[8] kii buniyaad[9] 'valii'[10] ne daalii
Baad-azaan[11] khalq[12] ko 'mirzaa' se hai aur 'miir' se faiz[13]

रेख़्ता-गोई की बुनियाद 'वली ' ने डाली
बाद-अज़ान ख़ल्क़ को 'मिर्ज़ा' से है और 'मीर' से फ़ैज़

Ahl-e-nasiihat[14] jitne hain haan un ko samjhaa[15] den ye log
Main to huun samjhaa-samjhaayaa[16] mujh ko kyaa samjhaate hain

अहल-ए-नसीहत जितने हैं हाँ उन को समझा दें ये लोग
मैं तो हूँ समझा-समझाया मुझ को क्या समझाते हैं

Aalam[17] se hamaaraa kuchh mazhab[18] hii niraalaa[19] hai
Yaanii hain jahaan ham vaan islaam nahiin hotaa

आलम से हमारा कुछ मज़हब ही निराला है
यानी हैं जहां हम वां इस्लाम नहीं होता

---

1 Supporter/Follower	2 Sir
3 World/Universe	4 Slaughter/Death
5 World	6 Extent/Degree
7 Beautiful face	8 Creating poetry in erstwhile Urdu
9 Foundation	10 Vali Muhammad Vali
11 Thereafter	12 Creation
13 Grace/Abundance/Good influence	14 People who give advice
15 Explain/Convince	16 One who is convinced
17 Creation/World	18 Creed/Doctrine
19 Strange/Unique	

Kamar-e-yaar[1] ke mazkuur[2] ko jaane de miyaan
Tuu qadam[3] is men na rakh raah ye baariik[4] hai dil

कमर-ए-यार के मज़कूर को जाने दे मियाँ
तू क़दम इस में न रख राह ये बारीक है दिल

Us ke jaane se miraa dil hai mire siine men
Dam[5] kaa mehmaan[6] charaagh-e-saharii[7] kii suurat[8]

उस के जाने से मिरा दिल है मिरे सीने में
दम का मेहमान चराग़-ए-सहरी की सूरत

Dil le gayaa hai meraa vo siim-tan[9] churaa[10] kar
Sharmaa[11] ke jo chale hai saaraa badan[12] churaa kar

दिल ले गया है मेरा वो सीम-तन चुरा कर
शर्मा के जो चले है सारा बदन चुरा कर

Tujh ko ai sayyaad[13] kaavish[14] hii agar manzuur[15] hai
Tuu chaman[16] men chhod de mujh ko mire par[17] tod kar

तुझ को ऐ सय्याद काविश ही अगर मंज़ूर है
तू चमन में छोड़ दे मुझ को मिरे पर तोड़ कर

Bas tuu ne apne munh se jo parda[18] uthaa[19] diyaa
Hasrat[20] nikal[21] gaii dil-e-ummiid-vaar[22] kii

बस तू ने अपने मुंह से जो पर्दा उठा दिया
हसरत निकल गई दिल-ए-उम्मीद-वार की

1	Waist of the beloved	2	Recorded/Mentioned
3	Step	4	Thin/Slender
5	Moment	6	Guest
7	Lamp about to extinguish in the morn	8	Like in appearance
9	Silver-bodied/Fair	10	Steal
11	Bashfully	12	Body
13	Hunter/One who captivates	14	Animosity/Rancour
15	Accepted	16	Garden
17	Wings	18	Veil
19	Lift	20	Unfulfilled desire
21	Exit/Come out	22	Hopeful heart

Do tiin dam-e-sard[1] bhare hain to vo bole

Jaao mirii majlis[2] ko na kashmiir banaao

दो तीन दम-इ-सर्द भरे हैं तो वो बोले

जाओ मिरी मजलिस को न कश्मीर बनाओ

Bad-gumaanii[3] ne mujhe kyaa kyaa sataayaa[4] kyaa kahuun

Subh[5] ko bikhre[6] hue dekhe the ik din muu-e-dost[7]

बद-गुमानी ने मुझे क्या क्या सताया क्या कहूँ

सुबह को बिखरे हुए देखे थे इक दिन मू-ए-दोस्त

Ai falak[8] tujh ko qasam[9] hai mirii is ko na bujhaa[10]

Ki ghariibon[11] ko charaagh-e-shab-e-taariik[12] hai dil

ऐ फ़लक तुझ को क़सम है मिरी इस को न बुझा

कि ग़रीबों को चराग़-ए-शब्-ए-तारीक है दिल

Jab main ne kahaa aankhen chhupaa[13] khol diyaa munh[14]

Jab main ne kahaa munh ko dikhaa aankhen dikhaaiin[15]

जब मैं ने कहा आँखें छुपा खोल दिया मुंह

जब मैं ने कहा मुंह को दिखा आँखें दिखाईं

Jab is men khuun[16] rahaa na to ye dil kaa aabla[17]

Ho khushk[18] jaise daana-e-anguur[19] rah gayaa

जब इस में खून रहा न तो ये दिल का आब्ला

हो ख़ुश्क जैसे दाना-ए-अंगूर रह गया

---

1 Cold sighs	2 Company/Congregation
3 Suspicion/Mistrust	4 Pestered/Troubled
5 Morning	6 Disheveled/Scattered
7 Beloved's hair	8 Sky/Heaven
9 Promise/Vow	10 Extinguish
11 Destitute	12 Lamp on a dark night
13 Hide	14 Face
15 Looked angrily	16 Blood
17 Blister	18 Dry/Withered
19 Bead of grape/Raisin	

Khaavenge[1] taanke[2] zakhm-e-sar-o-ruu[3] par ai tabiib[4]
Par zakhm-e-dil[5] to ham se silaayaa[6] na jaaegaa

खावेंगे टाँकि ज़ख्म-ए-सर-ओ-रू पर ऐ तबीब
पर ज़ख्म-ए-दिल तो हम से सिलाया न जाएगा

Apnaa to tuul-e-umr[7] se ghabraa[8] gayaa hai jii
Ghar pahunchen[9] ham tamaam[10] bhii ho ye safar[11] kahiin

अपना तो तूल-ए-उम्र से घबरा गया है जी
घर पहुंचें हम तमाम भी हो ये सफ़र कहीं

Phir aaii zulf-e-musalsal[12] kii lahr[13] pesh-e-nazar[14]
Phir ik junuun[15] ke nae silsile[16] hue dil men

फिर आई ज़ुल्फ़-ए-मुसलसल की लहर पेश-ए-नज़र
फिर इक जुनून के नए सिलसिले हुए दिल में

Kaaba-o-dair[17] men dhuunde[18] jo kahiin le ke charaagh[19]
Tujh saa kaafir[20] na mile aur na musalmaan mujh saa

काबा-ओ-दैर में ढूँढे जो कहीं ले के चराग़
तुझ सा काफ़िर न मिले और न मुसलमान मुझ सा

Main zulf[21] munh[22] men lii to kahaa maar[23] khaaegaa
Chuumii[24] jo bhaun[25] to bolaa ki talvaar[26] khaaegaa

मैं ज़ुल्फ़ मुंह में ली तो कहा मार खाएगा
चूमी जो भौं तो बोला कि तलवार खाएगा

1	Endure	2	Stiches
3	Wounds on the head and face	4	Physician
5	Wounds of the heart	6	Stich
7	Long life	8	Alarmed/Confused
9	Reach	10	Complete
11	Journey	12	Unending tresses of hair
13	Wave	14	In view
15	Frenzy of love	16	Series of incidents
17	Mosque and temple	18	Search
19	Lamp	20	Infidel/Idolator
21	Tresses of hair	22	Mouth
23	Beating	24	Kissed
25	Eyebrows	26	Sword

Khvaahish-e-vasl[1] to rakhtaa[2] huun bahut jii men vale[3]
Kyaa karuun main jo mire dil se tiraa dil na mile

ख़्वाहिश-ए-वस्ल तो रखता हूँ बहुत जी में वले
क्या करूँ मैं जो मिरे दिल से तिरा दिल न मिले

Jaagaa[4] hai raat[5] pyaare tuu kis ke ghar[6] jo terii
Palken[7] nadiidiyaan[8] hain aankhen khumaariyaan[9] hain

जागा है रात प्यारे तू किस के घर जो तेरी
पलकें नदीदियाँ हैं आँखें खुमारियाँ हैं

Main nigaah-e-paak[10] se dekhe thaa tire husn-e-paak[11] ko is pe bhii
Mire jii men khvaahish-e-vasl[12] thii tire dil men bos-o-kanaar[13] thaa

मैं निगाह-ए-पाक से देखे था तिरे हुस्न-ए-पाक को इस पे भी
मिरे जी में ख़्वाहिश-ए-वस्ल थी तिरे दिल में बोस-ओ-कनार था

Ghattii[14] hai shab-e-vasl[15] to kahtaa huun main yaa-rab[16]
Kyaa tujh ko banaanii[17] thii yahii raat zaraa[18] sii

घटती है शब्-ए-वस्ल तो कहता हूँ मैं या-रब
क्या तुझ को बनानी थी यही रात ज़रा सी

Baaten kaii zabaanii[19] main ne kahii hain us se
Kyaa jaaniye[20] kahegaa[21] vaan[22] jaa ke naama-bar[23] kyaa

बातें कई ज़बानी मैं ने कही हैं उस से
क्या जानिये कहेगा वां जा के नामा-बर क्या

1	Desire for sexual union	2	Keep
3	Yet/But	4	Awake
5	Night	6	House
7	Eye-lids	8	Greedy
9	Intoxicated	10	Pure look
11	Pure beauty	12	Desire for sexual union
13	Kissing and fondling	14	Occurs
15	Night of sexual union	16	Oh God!
17	Make	18	Small/Short
19	Verbal	20	Don't know
21	Will say	22	There
23	Messenger		

NAZEER AKBARABADI b 1735 d 1830

Judaa[1] kisii se kisii kaa gharaz[2] habiib[3] na ho
Ye daagh[4] vo hai ki dushman ko bhii nasiib[5] na ho

जुदा किसी से किसी का ग़रज़ हबीब न हो
ये दाग़ वो है कि दुश्मन को भी नसीब न हो

Thaa iraada[6] tirii fariyaad[7] karen haakim[8] se
Vo bhii ai shokh[9] tiraa chaahne vaalaa[10] niklaa[11]

था इरादा तिरी फ़रियाद करें हाकिम से
वो भी ऐ शोख़ तिरा चाहने वाला निकला

Dil kii betaabii[12] nahiin thaharne detii[13] hai mujhe
Din kahiin raat kahiin subh[14] kahiin shaam[15] kahiin

दिल की बेताबी नहीं ठहरने देती है मुझे
दिन कहीं रात कहीं सुबह कहीं शाम कहीं

Kyuun nahiin letaa hamaarii tuu khabar[16] ai be-khabar[17]
Kyaa tire aashiq[18] hue the dard-o-gham[19] khaane ko[20] ham

क्यूँ नहीं लेता हमारी तू ख़बर ऐ बे-ख़बर
क्या तिरे आशिक़ हुए थे दर्द-ओ-ग़म खाने को हम

---

1 Separate	2 Object/Interest
3 Sweetheart	4 Stain
5 In one's destiny	6 Intention
7 Complaint	8 The one in authority
9 Mischievous beloved	10 Lover
11 Emerged	12 Restlessness
13 Remain stable	14 Morning
15 Evening	16 News of welfare
17 Unaware/Heedless	18 Lover
19 Pain and sorrow	20 To suffer

Tumhaare hijr[1] men aankhen hamaarii muddat[2] se
Nahiin ye jaantiin duniyaa men khvaab[3] hai kyaa chiiz

तुम्हारे हिज्र में आँखें हमारी मुद्दत से
नहीं ये जानतीं दुनिया में ख़्वाब है क्या चीज़

Kis ko kahiye nek[4] aur thahraaiye kis ko buraa5
Ghaur[6] se dekhaa to sab apne hii bhaaii-band[7] hain

किस को कहिये नेक और ठहराइए किस को बुरा
ग़ौर से देखा तो सब अपने ही भाई-बंद हैं

Sab kitaabon[8] ke khul gae maanii[9]
Jab se dekhii 'naziir' dil kii kitaab

सब किताबों के खुल गए मानी
जब से देखी 'नज़ीर' दिल की किताब

Jo khushaamad[10] kare khalq[11] us se sadaa raazii[12] hai
Sach to ye hai ki khushaamad se khudaa raazii hai

जो ख़ुशामद करे ख़ल्क़ उस से सदा राज़ी है
सच तो ये है कि ख़ुशामद से ख़ुदा राज़ी है

Main huun patang-e-kaaghzii[13] dor[14] hai us ke haath men
Chaahaa idhar ghataa[15] diyaa chaahaa udhar badhaa[16] diyaa

मैं हूँ पतंग-ए-काग़ज़ी डोर है उस के हाथ में
चाहा इधर घटा दिया चाहा उधर बढ़ा दिया

1	Separation	2	A long time
3	Dreams	4	Virtuous
5	Bad	6	Deep thought
7	Like-minded/Kindred	8	Books
9	Significance/Purport/Bottom line	10	Sychophancy/Flattery
11	Creation	12	Pleased
13	Paper kite	14	String
15	Reduce	16	Increase

Abhii kahen to kisii ko na etibaar[1] aave

Ki ham ko raah men ik aashnaa[2] ne luut[3] liyaa

अभी कहें तो किसी को न एतिबार आवे

कि हम को राह में इक आशना ने लूट लिया

Aate hii jo tum mere gale lag gae vallaah[4]

Us vaqt to is garmii ne sab maat[5] kii garmii

आते ही जो तुम मेरे गले लग गए वल्लाह

उस वक़्त तो इस गर्मी ने सब मात की गर्मी

Baagh[6] men lagtaa nahiin sahraa[7] se ghabraataa[8] hai dil

Ab kahaan le jaa ke baithen aise diivaane ko ham

बाग़ में लगता नहीं सहरा से घबराता है दिल

अब कहाँ ले जा के बैठें ऐसे दीवाने को हम

Shahr-e-dil[9] aabaad[10] thaa jab tak vo shahr-aaraa[11] rahaa

Jab vo shahr-aaraa gayaa phir shahr-e-dil men kyaa rahaa

शहर-ए-दिल आबाद था जब तक वो शहर-आरा रहा

जब वो शहर-आरा गया फिर शहर-ए-दिल में क्या रहा

Ab to zaraa saa[12] gaanv[13] bhii betii na de use

Lagtaa thaa varna[14] chiin[15] kaa daamaad[16] aagara[17]

अब तो ज़रा सा गाँव भी बेटी न दे उसे

लगता था वर्ना चीन का दामाद आगरा

---

1 Trust/Faith	2 Intimate friend
3 Rob	4 By God!
4 Checkmate/Deathly	6 Garden
7 Desert	8 Get anxious and worried
9 City of my heart	10 Inhabitated/Occupied
11 One who decorates the city/Beloved	12 Insignificant
13 Village/Hamlet	14 Otherwise
15 China	16 Bridegroom
17 City of Agra	

Na itnaa zulm[1] kar ai chaandnii[2] bahr-e-khudaa[3] chhup[4] jaa
Tujhe dekhe se yaad aataa[5] hai mujh ko maahtaab[6] apnaa

न इतना ज़ुल्म कर ऐ चांदनी बहर-ए-ख़ुदा छुप जा
तुझे देखे से याद आता है मुझ को महताब अपना

Akelaa[7] us ko na chhodaa[8] jo ghar se niklaa vo
Har ik bahaane[9] se main us sanam[10] ke saath rahaa

अकेला उस को न छोड़ा जो घर से निकला वो
हर इक बहाने से मैं उस सनम के साथ रहा

Kal shab-e-vasl[11] men kyaa jald[12] bajii[13] thiin ghadiyaan[14]
Aaj kyaa mar gae[15] ghadiyaal[16] bajaane vale[17]

कल शब्-ए-वस्ल में क्या जल्द बजी थीं घड़ियाँ
आज क्या मर गए घड़ियाल बजाने वाले

Ham haal to kah sakte[18] hain apnaa pa[19] kahen kyaa
Jab vo idhar[20] aate hain to tanhaa[21] nahiin aate

हम हाल तो कह सकते हैं अपना प कहें क्या
जब वो इधर आते हैं तो तन्हा नहीं आते

Jise mol[22] lenaa ho le le khushii[23] se
Main is vaqt[24] donon jahaan[25] bechtaa[26] huun

जिसे मोल लेना हो ले ले ख़ुशी से
मैं इस वक़्त दोनों जहां बेचता हूँ

1	Tyranny	2	Moonlight
3	For God's sake	4	Hide
5	Reminded of	6	Moon/Sweetheart
7	Alone	8	Left
9	Excuse	10	Sweetheart
11	Night of sexual union	12	Quick/Fast
13	Rang	14	Clocks
15	Died	16	Clocks
17	Those who ring bells	18	Narrate
19	But	20	Here
21	Alone/Lonely	22	Buy at a price
23	With pleasure	24	At this time
25	Both worlds	26	Sell

Tuufaan[1] uthaa rahaa hai mire dil men sail-e-ashk[2]
Vo din khudaa na laae jo main aab-diida[3] huun

तूफ़ान उठा रहा है मिरे दिल में सैल-ए-अश्क
वो दिन ख़ुदा न लाए जो मैं आब-दीदा हूँ

Khafaa[4] dekhaa hai us ko khvaab[5] men dil sakht[6] muztar[7] hai
Khilaa de dekhiye kyaa kyaa gul-e-taabiir-e-khvaab[8] apnaa

ख़फ़ा देखा हैं उस को ख़्वाब में दिल सख़्त मुज़्तर है
खिला दे देखिये क्या क्या गुल-ए-ताबीर-ए-ख़्वाब अपना

Yaar ke aage padhaa ye rekhta[9] jaa kar 'naziir'
Sun ke bolaa vaah-vaah achchhaa kahaa achchhaa kahaa

यार के आगे पढ़ा ये रेख़्ता जा कर 'नज़ीर'
सुन के बोला वाह-वाह अच्छा कहा अच्छा कहा

Abas[10] mehnat[11] hai kuchh haasil[12] nahiin patthar-taraashii[13] se
Yahii mazmuun[14] thaa farhaad ke teshe[15] kii khat-khat[16] kaa

अबस मेहनत है कुछ हासिल नहीं पत्थर-तराशी से
यही मज़मून था फ़रहाद के तेशे की ख़ट-ख़ट का

Sar-chashma-e-baqaa[17] se hargiz na aab[18] laao
Hazrat khizar[19] kahiin se jaa kar sharaab[20] laao

सर-चश्मा-ए-बक़ा से हरगिज़ न अब लाओ
हज़रत खिज़र कहीं से जा कर शराब लाओ

1	Storm	2	Flood of tears
3	Having tears in the eyes	4	Angry/Offended
5	Dream	6	Severely/Intensely
7	Distressed/Helpless	8	Flower of interpretation of dreams
9	Precursor of Urdu	10	Powerless/Without use
11	Hard work/Toil	12	Gain
13	Carving stone	14	Topic
15	Axe	16	Sound of chisel
17	Source of the elixir of eternity	18	Water
19	Name of legendry immortal prophet	20	Wine

Aankhon[1] men merii subh-e-qayaamat[2] gaii jhamak[3]
Siine[4] se us parii[5] ke jo parda[6] ulat gayaa[7]

आँखों में मेरी सुबह-ए-क़यामत गई झमक
सीने से उस परी के जो पर्दा उलट गया

Thaharnaa[8] ishq ke aafaat[9] ke sadmon[10] men 'naziir'
Kaam mushkil[11] thaa par allaah ne aasaan[12] kiyaa

ठहरना इश्क़ के आफ़ात के सदमों में 'नज़ीर'
काम मुश्किल था पर अल्लाह ने आसान किया

Ranj-e-dil[13] yuun gayaa rukh[14] us kaa dekh
Jaise uth jaae aaiine se zang[15]

रंज-ए-दिल यूं गया रुख़ उस का देख
जैसे उठ जाए आईने से ज़ंग

Mai[16] pii ke jo girtaa[17] hai to lete hain use thaam[18]
Nazron se giraa[19] jo use phir kis ne sambhaalaa[20]

मये पी के जो गिरता है तो लेते हैं उसे थाम
नज़रों से गिरा जो उसे फ़िर किस ने सँभाला

The ham to khud-pasand[21] bahut lekin ishq men
Ab hai vahii pasand[22] jo ho yaar ko pasand

थे हम तो ख़ुद-पसंद बहुत लेकिन इश्क़ में
अब है वही पसंद जो हो यार को पसंद

1	Eyes	2	Morning of doomsday
3	Glitter/Sparkle	4	Chest
5	Fairy/Beautiful woman	6	Scarf
7	Turned over	8	Stop/Stay/Become calm
9	Difficulties	10	Shocks/Blows
11	Difficult	12	Easy
13	Grief of the heart	14	Face
15	Rust	16	Wine
17	Fall	18	Hold steady
19	Falling in one's regard	20	Support
21	Vain/Arrogant	22	Like

MEER TAQI MEER b 1723 d 1810

Raah-e-duur-e-ishq[1] men rotaa[2] hai kyaa
Aage aage dekhiye[3] hotaa hai kyaa

राह-ए-दूर-ए-इश्क़ में रोता है क्या
आगे आगे देखिये होता है क्या

Pattaa[4] pattaa buutaa[5] buutaa haal[6] hamaaraa jaane[7] hai
Jaane na jaane gul[8] hii na jaane baagh[9] to saaraa[10] jaane hai

पत्ता पत्ता बूटा बूटा हाल हमारा जाने है
जाने न जाने गुल ही न जाने बाग़ तो सारा जाने है

Ham hue tum hue ki 'miir' hue
Us kii zulfon[11] ke sab asiir[12] hue

हम हुए तुम हुए कि 'मीर' हुए
उस की ज़ुल्फ़ों के सब असीर हुए

Naazukii[13] us ke lab[14] kii kyaa kahiye[15]
Pankhudii[16] ik gulaab[17] kii sii hai

नाज़ुकी उस के लब की क्या कहिये
पंखुड़ी इक गुलाब की सी है

1	The long path of love	2	Cry
3	See	4	Leaf
5	Bush	6	Condition/State
7	Knows	8	Flower
9	Garden	10	Entirely
11	Tresses of hair	12	Captive/Prisoner
13	Delicacy/Tenderness	14	Lips
15	Say/Extoll	16	Petal
17	Rose		

Aag[1] the ibtidaa-e-ishq[2] men ham
Ab jo hain khaak[3] intihaa[4] hai ye

आग थे इब्तिदा-ए-इश्क़ में हम
अब जो हैं ख़ाक इंतिहा है ये

Baare[5] duniyaa[6] men raho gham-zada[7] yaa shaad[8] raho
Aisaa kuchh kar ke chalo yaan[9] ki bahut[10] yaad[11] raho

बारे दुनिया में रहो ग़म-ज़दा या शाद रहो
ऐसा कुछ कर के चलो यां कि बहुत याद रहो

Phuul[12] gul[13] shams-o-qamar[14] saare hii the
Par hamen un men tumhiin bhaae[15] bahut

फूल गुल शम्स-ओ-क़मर सारे ही थे
पर हमें उन में तुम्हीं भाए बहुत

Dil kii viiraanii[16] kaa kyaa mazkuur[17] hai
Ye nagar sau martaba[18] luutaa gayaa

दिल की वीरानी का क्या मज़कूर है
ये नगर सौ मर्तबा लूटा गया

Bevafaaii[19] pe terii jii hai fidaa[20]
Qahr[21] hotaa jo ba-vafaa[22] hotaa

बेवफ़ाई पे तेरी जी है फ़िदा
क़हर होता जो ब-वफ़ा होता

1	Fire	2	Beginning of love
3	Dust	4	Extreme/End
5	Even if	6	World
7	Aggrieved	8	Happy/Cheerful
9	Here	10	A lot
11	Remembered	12	Flower
13	Flower	14	Sun and moon
15	Found pleasing	16	Desolation
17	Mention/Expression	18	Times
19	Unfaithfulness	20	Dying for
21	Calamity	22	Faithful

'Miir' saahab tum farishta[1] ho to ho
Aadmii[2] honaa to mushkil hai miyaan[3]

'मीर' साहब तुम फ़रिश्ता हो तो हो
आदमी होना तो मुश्किल है मियाँ

Shaam[4] se kuchh bujhaa[5] saa rahtaa[6] huun
Dil huaa hai charagh[7] muflis[8] kaa

शाम से कुछ बुझा सा रहता हूँ
दिल हुआ है चराग़ मुफ़लिस का

'Miir' amdan[9] bhii koii martaa[10] hai
Jaan[11] hai to jahaan[12] hai pyaare

'मीर' आमदन भी कोई मरता है
जान है तो जहाँ है प्यारे

Kyaa kahen kuchh kahaa nahiin jaata
Ab to chup[13] bhii rahaa nahiin jaataa

क्या कहें कुछ कहा नहीं जाता
अब तो चुप भी रहा नहीं जाता

Mat sahl[14] hamen jaano[15] phirtaa[16] hai falak[17] barson[18]
Tab khaak[19] ke parde se insaan[20] nikalte hain

मत सहल हमें जानो फ़िरता हे फ़लक बरसों
तब ख़ाक के परदे से इंसान निकलते हैं

---

1 Angel	2 Human
3 Mister	4 Evening
5 Dejected	6 Stay/Remain
7 Lamp	8 Poor
9 Intentionally	10 Dies
11 Life	12 Universe
13 Silent	14 Simple/Ordinary
15 Assume/Know	16 Wanders
17 Sky	18 Years
19 Dust	20 Human

Gul[1] ho mahtaab[2] ho aaiina[3] ho khurshiid[4] ho miir
Apnaa mahbuub[5] vahii hai jo adaa[6] rakhtaa ho

गुल हो महताब हो आईना हो ख़ुर्शीद हो 'मीर'
अपना महबूब वही है जो अदा रखता हो

Hamaare aage tiraa jab kisuu[7] ne naam liyaa
Dil-e-sitam-zada[8] ko ham ne thaam[9] thaam liyaa

हमारे आगे तिरा जब किसू ने नाम लिया
दिल-ए-सितम-ज़दा को हम ने थाम थाम लिया

Ab kar ke faraamosh[10] to naashaad[11] karoge
Par ham jo na honge to bahut yaad[12] karoge

अब कर के फरामोश तो नाशाद करोगे
पर हम जो न होंगे तो बहुत याद करोगे

Dillii men aaj bhiik[13] bhii miltii nahiin unhen
Thaa kal talak[14] dimaagh[15] jinhen taaj-o-takht[16] kaa

दिल्ली में आज भीक भी मिलती नहीं उन्हें
था कल तलक़ दिमाग़ जिन्हें ताज-ओ-तख़्त का

Shart[17] saliiqa[18] hai har ik amr[19] men
Aib[20] bhii karne ko hunar[21] chaahiye

शर्त सलीक़ा है हर इक अम्र में
ऐब भी करने को हुनर चाहिए

---

1 Flower	2 Moon
3 Mirror	4 Sun
5 Beloved/Sweetheart	6 Style
7 Someone	8 Tyrannized heart
9 Hold	10 Forget
11 Unhappy	12 Remember
13 Alms	14 Till
15 Thought	16 Crown and throne
17 Prerequisite/Condition	18 Knack/Skill
19 Task/Matter	20 Flaw/Imperfection
21 Expertise	

Dikhaaii diye yuun ki be-khud[1] kiyaa
Hamen aap se bhii judaa[2] kar chale

दिखाई दिए यूं कि बे-ख़ुद किया
हमें आप से भी जुदा कर चले

Ishq maashuuq[3] ishq aashiq hai
Yaanii apnaa hii mubtalaa[4] hai ishq

इश्क़ माशूक़ इश्क़ आशिक़ है
यानी अपना ही मुब्तला है इश्क़

'Miir' bandon[5] se kaam kab niklaa
Maangnaa hai jo kuchh khudaa se maang

'मीर' बन्दों से काम कब निकला
मांगना है जो कुछ ख़ुदा से मांग

Naahaq[6] ham majbuuron[7] par ye tohmat[8] hai mukhtaarii[9] kii
Chaahte hain so aap karen hain ham ko abas[10] badnaam kiyaa

नाहक़ हम मजबूरों पर ये तोहमत है मुख़्तारी की
चाहते हैं सो आप करें हैं हम को अबस बदनाम किया

Yahii jaanaa[11] ki kuchh na jaanaa haae
So bhii ik umr[12] men huaa maaluum[13]

यही जाना कि कुछ न जाना हाए
सो भी इक उम्र में हुआ मालूम

---

1 *Beside oneself/Out of one's mind*	2 *Separated*
3 *Beloved/Sweetheart*	4 *Affliction/Distress*
5 *People/Humans*	6 *Unjustly*
7 *Helpless ones*	8 *False allegation*
9 *Freedom/Authority*	10 *Unrestrained*
11 *Knew*	12 *Lifetime*
13 *Apparent/Evident*	

Ishq men jii[1] ko sabr o taab[2] kahaan
Us se aankhen ladiin[3] to khvaab[4] kahaan

इश्क़ में जी को सब्र ओ ताब कहाँ
उस से आँखें लड़ीं तो ख़्वाब कहाँ

Ham jaante[5] to ishq na karte kisuu[6] ke saath
Le jaate dil ko khaak[7] men is aarzuu[8] ke saath

हम जानते तो इश्क़ न करते किसू के साथ
ले जाते दिल को ख़ाक में इस आर्ज़ू के साथ

Mire saliiqe[9] se merii nibhii[10] mohabbat men
Tamaam[11] umr[12] main naakaamiyon[13] se kaam[14] liyaa

मिरे सलीक़े से मेरी निभी मोहब्बत में
तमाम उम्र मैं नाकामियों से काम लिया

Jab ki pahluu[15] se yaar uthtaa[16] hai
Dard be-ikhtiyaar[17] uthtaa hai

जब कि पहलू से यार उठता है
दर्द बे-इख़्तियार उठता है

'Miir' un niim-baaz[18] aankhon men
Saarii mastii[19] sharaab[20] kii sii hai

'मीर' उन नीम-बाज़ आँखों में
सारी मस्ती शराब की सी है

---

1 Heart	2 Patience and endurance/capability
3 Meeting of eyes	4 Dream
5 Knew	6 Anyone
7 Dust/Ashes	8 Desire
9 Knack/Skill	10 Got along
11 Entire	12 Lifetime
13 Failures	14 Utilised
15 One's side	16 Rises
17 Beyond control	18 Half-closed/Intoxicated
19 Drunkenness	20 Wine

Le saans[1] bhii aahista[2] ki naazuk[3] hai bahut kaam[4]
Aafaaq[5] ki is kaargah-e-shiishagarii[6] kaa

ले सांस भी आहिस्ता कि नाज़ुक है बहुत काम
आफ़ाक़ की इस कारगाह-ए-शीशगरी का

'Miir' ke diin-o-mazhab[7] ko ab puuchhte[8] kyaa ho un ne to
Qashqa[9] khiinchaa[10] dair[11] men baithaa kab kaa tark[12] islaam kiyaa

'मीर' के दीं-ओ-मज़हब को अब पूछते क्या हो उन ने तो
क़श्क़ा खींचा दैर में बैठा कब का तर्क इस्लाम किया

Us ke farogh-e-husn[13] se jhamke[14] hai sab men nuur[15]
Sham-e-haram[16] ho yaa ki diyaa somnaat[17] kaa

उस के फ़रोग़-ए-हुस्न से झमके है सब में नूर
शम-ए-हरम हो या कि दिया सोमनात का

Amiir-zaadon[18] se dillii ke mil na taa-maqduur[19]
Ki ham faqiir[20] hue hain inhiin kii daulat se

अमीर-ज़ादों से दिल्ली के मिल न ता-मक़दूर
कि हम फ़क़ीर हुए हैं इन्हीं की दौलत से

Sakht[21] kaafir[22] thaa jin ne pahle 'miir'
Mazhab-e-ishq[23] ikhtiyaar[24] kiyaa

सख़्त काफ़िर था जिन ने पहले 'मीर'
मज़हब-ए-इश्क़ इख़्तियार किया

1	Breath	2	Slowly
3	Delicate	4	Task
5	World/Universe	6	Glass-making workshop
7	Religion and rules for conduct	8	Ask/Query
9	Mark on forehead put by Hindus	10	Drew/Marked
11	Hindu temple	12	Renounce
13	Splendor of beauty	14	Glitters
15	Luminosity	16	Light of Kaaba
17	Temple of Somnath	18	Sons of the wealthy
19	To the best of one's ability	20	Poor/Mendicant
21	Staunch	22	Infidel
23	Religion of love	24	Adopt with authority

Umr[1] guzrii davaaen[2] karte 'miir'
Dard-e-dil[3] kaa huaa na chaara[4] hanuuz[5]

उम्र गुज़री दवाएं करते 'मीर'
दर्द-ए-दिल का हुआ न चारा हनूज़

Ab jo ik hasrat-e-javaanii[6] hai
Umr-e-rafta[7] kii ye nishaanii[8] hai

अब जो इक हसरत-ए-जवानी है
उम्र-ए-रफ़्ता की ये निशानी है

Guundh[9] ke goyaa[10] pattii[11] gul[12] kii vo tarkiib[13] banaaii hai
Rang[14] badan[15] kaa tab dekho jab cholii[16] bhiige[17] pasiine[18] men

गूंध के गोया पत्ती गुल की वो तरकीब बनाई है
रंग बदन का तब देखो जब चोली भीगे पसीने में

Bulbul ghazal-saraaii[19] aage hamaare mat kar
Sab ham se siikhte hain andaaz[20] guftuguu[21] kaa

बुलबुल ग़ज़ल-सराई आगे हमारे मत कर
सब हम से सीखते हैं अंदाज़ गुफ़्तुगू का

Kin niindon[22] ab tuu sotii hai ai chashm-e-girya-naak[23]
Mizhgaan[24] to khol shahr[25] ko sailaab[26] le gayaa

किन नींदों अब तू सोती है ऐ चशम-ए-गिरया-नाक
मिज़गां तो खोल शहर को सैलाब ले गया

1	Life	2	Medicines
3	Heart-ache	4	Remedy
5	Yet	6	Longing for one's youth
7	Age gone past	8	Relics
9	Braid	10	As if
11	Leaf	12	Flower
13	Method	14	Colour/Appearance
15	Body	16	Short blouse
17	Becomes wet	18	Sweat/Perspiration
19	Singing of ghazal	20	Manner
21	Conversation	22	Sleep/Slumber
23	Weeping eye	24	Eyelashes
25	City	26	Flood/Deluge

Padhte[1] phirenge[2] galiyon men in rekhton[3] ko log
Muddat[4] rahengii yaad ye baaten hamaariyaan[5]

पढ़ते फिरेंगे गलियों में इन रेख़्तों को लोग
मुद्दत रहेंगी याद ये बातें हमारियाँ

Ab dekh le ki siina[6] bhii taaza[7] huaa hai chaak[8]
Phir ham se apnaa haal[9] dikhaayaa na jaaegaa

अब देख ले कि सीना भी ताज़ा हुआ है चाक
फिर हम से अपना हाल दिखाया न जाएगा

Shikva-e-aabla[10] abhii se 'miir'
Hai piyaare hanuuz[11] dillii duur[12]

शिकवा-ए-आब्ला अभी से 'मीर'
है पियारे हनूज़ दिल्ली दूर

Kaash[13] us ke ruu-ba-ruu[14] na karen mujh ko hashr[15] men
Kitne mire savaal[16] hain jin kaa nahiin javaab[17]

काश उस के रू-ब-रू न करें मुझ को हश्र में
कितने मिरे सवाल हैं जिन का नहीं जवाब

Kaam[18] the ishq[19] men bahut[20] par 'miir'
Ham hii faarigh[21] hue shitaabii[22] se

काम थे इश्क़ में बहुत पर 'मीर '
हम ही फ़ारिग़ हुए शिताबी से

1	Reading	2	Roaming around
3	Mixed language - the precursor to Urdu	4	Long time
5	Belonging to us	6	Chest
7	Freshly	8	Torn/Cut
9	Condition/State	10	Complaint about blisters on the foot
11	Yet	12	Far/Distant
13	I wish	14	Face-to-face
15	Day of judgement or resurrection	16	Questions
17	Answers	18	Tasks
19	Passionate love	20	Many
21	Free from work/At leisure	22	Haste

Kyaa jaaniye[1] ki ishq men khuun[2] ho gayaa ki daagh[3]
Chhaatii[4] men ab to dil kii jagah[5] ek dard hai

क्या जानिये कि इश्क़ में ख़ून हो गया कि दाग़
छाती में अब तो दिल की जगह एक दर्द है

Jaise bijlii[6] ke chamakne[7] se kisuu[8] kii sudh[9] jaae
Be-khudii[10] aaii achaanak[11] tire aa jaane se

जैसे बिजली के चमकने से किसू की सुध जाए
बे-ख़ुदी आई अचानक तिरे आ जाने से

Chalte ho to chaman[12] ko chaliye kahte hain ki bahaaraan[13] hai
Paat[14] hare hain phuul[15] khile hain kam-kam[16] baad-o-baaraan[17] hai

चलते हो तो चमन को चलिए कहते हैं कि बहारां है
पात हरे हैं फूल खिले हैं कम-कम बाद-ओ-बारां है

Kaam[18] us ke lab[19] se hai mujhe bint-ul-inab[20] se kyaa
Hai aab-e-zindagii[21] bhii to le jaae murda-sho[22]

काम उस के लब से है मुझे बिन्त-उल-इनब से क्या
हैं आब-ए-ज़िंदगी भी तो ले जाए मुर्दा-शो

Ahvaal-e-'miir'[23] kyuunkar[24] aakhir[25] ho ek shab[26] men
Ik umr[27] ham ye qissa[28] tum se kahaa karenge

अहवाल-ए-'मीर' क्यूँकर आख़िर हो एक शब् में
इक उम्र हम ये क़िस्सा तुम से कहा करेंगे

1	Know	2	Murder
3	Wound	4	Chest
5	In place of the heart	6	Lightning
7	Flashing	8	Somebody's
9	Sense	10	State of being outside one's mind
11	Suddenly	12	Garden
13	Spring	14	Leaves
15	Flowers	16	Mild/Slight
17	Wind and rain	18	Concern
19	Lips	20	Daughter of grapes/Wine
21	Water of life	22	Washer of corpses prior to burial
23	State or condition of Miir	24	Why
25	Conclude	26	Night
27	Age	28	Affair/Story

Bas ai 'miir' mizhgaan[1] se ponchh[2] aansuon[3] ko
Tuu kab tak ye motii pirotaa[4] rahegaa

बस ऐ 'मीर' मिज़्हगाँ से पोंछ आंसुओं को
तू कब तक ये मोती पिरोता रहेगा

Shama[5] jo aage shaam[6] ko aaii rashk[7] se jal kar khaak[8] huii
Subh[9] gul-e-tar[10] saamne ho kar josh-e-sharm[11] se aab[12] huaa

शमा जो आगे शाम को आई रश्क से जल कर ख़ाक हुई
सुबह गुल-ए-तर सामने हो कर जोश-ए-शर्म से आब हुआ

Sair-e-gulzaar[13] mubaarak ho[14] sabaa[15] ko ham to
Ek parvaaz[16] na kii thii ki giraftaar[17] hue

सैर-ए-गुलज़ार मुबारक हो सबा को हम तो
एक परवाज़ न की थी कि गिरफ़्तार हुए

Kuchh nahiin bahr-e-jahaan[18] kii mauj[19] par mat bhuul[20] 'miir'
Duur se dariyaa[21] nazar aataa hai lekin hai saraab[22]

कुछ नहीं बहर-ए-जहां की मौज पर मत भूल 'मीर'
दूर से दरिया नज़र आता है लेकिन है सराब

Aaiine[23] ko bhii dekho par tuk[24] idhar bhii dekho
Hairaan[25] chashm-e-aashiq[26] damke[27] hai jaise hiiraa[28]

आईने को भी देखो पर टूक इधर भी देखो
हैरान चशम-ए-आशिक़ दमके है जैसे हीरा

1	Eyelashes	2	Wipe
3	Tears	4	To string in a necklace
5	Lamp	6	Evening
7	Envy/Malice	8	Dust
9	Early morning	10	Fresh flower
11	Elation of bashfulness or shyness	12	Water
13	Visit to the garden	14	Be auspicious for
15	Breeze	16	Flight of a bird
17	Imprisoned	18	Ocean of the world
19	Wave	20	Forget
21	Sea	22	Mirage
23	Mirror	24	For a while
25	Perplexed	26	Eye of the infatuated
27	Shines brightly	28	Diamond

Kyaa tiir-e-sitam[1] us ke siine[2] men bhii tuute[3] the
Jis zakhm[4] ko chiiruun[5] huun paikaan[6] nikalte hain

क्या तीर-ए-सितम उस के सीने में भी टूटे थे
जिस ज़ख़्म को चीरूं हूँ पैकान निकलते हैं

Aadam-e-khaakii[7] se aalam[8] ko jilaa[9] hai varna[10]
Aaiina[11] thaa to magar[12] qaabil-e-diidaar[13] na thaa

आदम-ए-ख़ाकी से आलम को जिला है वर्ना
आईना था तो मगर क़ाबिल-ए-दीदार न था

'Miir'-jii zard[14] hote jaate ho
Kyaa kahiin tum ne bhii kiyaa hai ishq

'मीर'-जी ज़र्द होते जाते हो
क्या कहीं तुम ने भी किया है इश्क़

Khudaa ko kaam[15] to saunpe[16] hain main ne sab lekin[17]
Rahe hai khauf[18] mujhe vaan[19] kii be-niyaazii[20] kaa

ख़ुदा को काम तो सौंपे हैं मैं ने सब लेकिन
रहे है ख़ौफ़ मुझे वां की बे-नियाज़ी का

Tadbiir[21] mere ishq kii kyaa faaeda[22] tabiib[23]
Ab jaan[24] hii ke saath ye aazaar[25] jaaegaa

तदबीर मेरे इश्क़ की क्या फ़ायदा तबीब
अब जान ही के साथ ये आज़ार जाएगा

1	Arrows of cruelty	2	Heart
3	Broke	4	Wound
5	To open	6	Tips of arrows
7	Mortal man	8	The world
9	Brightness/Lustre	10	Otherwise
11	Mirror	12	But
13	Worth seeing	14	Pale
15	Tasks	16	Handed over
17	But	18	Fear
19	There	20	Unconcern/Indifference
21	Course of action/Management	22	Benefit
23	Doctor	24	Life
25	Illness/Affliction		

Aashiqon[1] kii khastagii[2] bad-haalii[3] kii parvaa[4] nahiin
Ai saraapaa[5] naaz[6] tuu ne be-niyaazii[7] khuub[8] kii

आशिक़ों की ख़स्तगी बद-हाली की परवा नहीं
ऐ सरापा नाज़ तू ने बे-नियाज़ी ख़ूब की

Shafaq[9] se hain dar-o-diivaar[10] zard[11] shaam-o-sahar[12]
Huaa hai lucknow is rahguzar[13] men pilibhit

शफ़क़ से हैं दर-ओ-दीवार ज़र्द शाम-ओ-सहर
हुआ है लखनऊ इस रहगुज़र में पीलीभीत

Marsiye[14] dil ke kaii kah ke diye logon ko
Shahr-e-dillii[15] men hai sab paas nishaanii[16] us kii

मर्सिये दिल के कई कह के दिए लोगों को
शहर-ए-दिल्ली में है सब पास निशानी उस की

Us ke iifaa-e-ahd[17] tak na jiye
Umr ne ham se bevafaaii[18] kii

उस के ईफ़ा-ए-अहद तक न जिए
उम्र ने हम से बेवफ़ाई की

Baal-o-par[19] bhii gae bahaar[20] ke saath
Ab tavaqqoa[21] nahiin rihaaii[22] kii

बाल-ओ-पर भी गए बहार के साथ
अब तवक़्क़ोअ नहीं रिहाई की

1	Passionate lovers	2	Weariness/Fatigue
3	Pathetic condition	4	Care/Concern
5	From head to toe	6	Grace/Coquetry/Flirtatious
7	Unconcern/Indifference	8	Excellent/Well
9	Twilight	10	Doors and walls
11	Yellow/Pale	12	Evening and morning/All day
13	Way	14	Elegy/Lament for the dead
15	City of Delhi	16	Memorial/Identity
17	Fulfilment of a promise	18	Unfaithfulness
19	Feathers and wings	20	Spring-time/Prime of life
21	Expectation/Hope	22	Release/Deliverance

Zindaan[1] men bhii shorish[2] na gaii apne junuun[3] kii
Ab sang[4] mudaavaa[5] hai is aashufta-sarii[6] kaa

ज़िंदाँ में भी शोरिश न गई अपने जुनून की
अब संग मुदावा है इस आशुफ़्ता-सरी का

Chaah[7] kaa daavaa[8] sab karte hain maanen kyuunkar[9] be-aasaar[10]
Ashk[11] kii surkhi[12] munh kii zardii[13] ishq kii kuchh to alaamat[14] ho

चाह का दावा सब करते हैं मानें क्यूँकर बे-आसार
अश्क की सुर्ख़ी मुंह की ज़र्दी इश्क़ की कुछ तो अलामत हो

Ab aayaa dhyaan[15] ai aaraam-e-jaan[16] is naa-muraadii[17] men
Kafan[18] denaa tumhen bhuule[19] the ham asbaab-e-shaadii[20] men

अब आया ध्यान ऐ आराम-ए-जान इस ना-मुरादी में
कफ़न देना तुम्हें भूले थे हम असबाब-ए-शादी में

Aah-e-sahar[21] ne sozish-e-dil[22] ko mitaa diyaa
Is baad[23] ne hamen to diyaa saa bujhaa[24] diyaa

आह-ए-सहर ने साज़िश-ए-दिल को मिटा दिया
इस बाद ने हमें तो दिया सा बुझा दिया

Ishq ik 'mir' bhaarii[25] patthar[26] hai
Kab ye tujh naa-tavaan[27] se uthtaa[28] hai

इश्क़ इक 'मीर' भारी पत्थर है
कब ये तुझ ना-तवां से उठता है

---

1 Prison	2 Commotion/Tumult
3 Frenzy/Infatuation	4 (To throw) stones
5 Cure/Remedy	6 State of being in distress
7 Desire	8 Claim
9 Why	10 Without foundation or indicators
11 Tears	12 Redness
13 Paleness	14 Sign/Mark
15 Thought	16 Comfort of life/Beloved
17 Failure/Unfulfilled wishes	18 Burial shroud
19 Forgot	20 Worldly goods for marriage
21 Morning sigh	22 Tumult of the heart
23 Breeze	24 Extinguish
25 Heavy	26 Stone
27 Weak/Feeble	28 Raise

Aalam[1] aalam ishq-o-junuun[2] hai duniyaa duniyaa[3] tohmat[4] hai
Dariyaa[5] dariyaa rotaa huun main sahraa[6] sahraa vahshat[7] hai

आलम आलम इश्क़-ओ-जुनून है दुनिया दुनिया तोहमत है
दरिया दरिया रोता हूँ मैं सहरा सहरा वहशत है

Qabaa-e-laala-o-gul[8] men jhalak[9] rahii thii khizaan[10]
Bharii bahaar[11] men royaa kiye[12] bahaar ko ham

क़बा-ए-लाला-ओ-गुल में झलक रही थी ख़िज़ाँ
भारी बहार में रोया किये बहार को हम

Aafaaq[13] kii manzil[14] se gayaa kaun salaamat[15]
Asbaab[16] lutaa[17] raah men yaan har safarii[18] kaa

आफ़ाक़ की मंज़िल से गया कौन सलामत
असबाब लुटा राह में यां हर सफ़री का

Fursat[19] men ik nafas[20] ke kyaa dard-e-dil[21] sunoge
Aae to tum va-lekin[22] vaqt-e-akhiir[23] aae

फ़ुर्सत में इक नफ़स के क्या दर्द-ए-दिल सुनोगे
आए तो तुम व-लेकिन वक़्त-ए-अख़ीर आए

Kharaab[24] rahte the masjid ke aage mai-khaane[25]
Nigaah-e-mast[26] ne saaqii[27] kii intiqaam[28] liyaa

ख़राब रहते थे मस्जिद के आगे मये-खाने
निगाह-ए-मस्त ने साक़ी की इन्तिक़ाम लिया

1	Universe	2	Love and infatuation
3	World	4	Slander/Vilification
5	Sea	6	Desert
7	Savageness/Terror	8	Apparel of tulip and rose
9	Brief or quick glimpse	10	Autumn/Decay
11	Full spring	12	Lamented the absence of
13	World/Universe	14	Destination
15	Safe and secure	16	Worldly goods
17	Looted	18	Traveller
19	Spare time/Leisure	20	Breath/Moment
21	Heart-ache	22	However/But
23	Time of death	24	Desolate
25	Bars	26	Intoxicated glance
27	One who serves wine/Sweetheart	28	Revenge

Kyaa aaj-kal[1] se us kii ye be-tavajjohii[2] hai
Munh[3] un ne is taraf se pheraa[4] hai 'miir' kab kaa

क्या आज-कल से उस की ये बे-तवज्जोही है
मुंह उन ने इस तरफ़ से फेरा है 'मीर' कब का

Ye tavahhum[5] kaa kaar-khaana[6] hai
Yaan[7] vahii hai jo etibaar[8] kyaa

ये तवहहुम का कार-ख़ाना है
यां वही है जो एतिबार किया

Kaabe[9] men jaan-ba-lab[10] the ham duurii-e-butaan[11] se
Aae hain phir ke[12] yaaro ab ke khudaa ke haan[13] se

काबे में जां-बा-लब थे हम दूरी-ए-बुताँ से
आए हैं फिर के यारो अब के ख़ुदा के हां से

Raftagaan[14] men jahaan[15] ke ham bhii hain
Saath us kaarvaan[16] ke ham bhii hain

रफ़्तगान में जहाँ के हम भी हैं
साथ उस कारवाँ के हम भी हैं

Sabz[17] hotii hii nahiin ye sarzamiin[18]
Tukhm-e-khvaahish[19] dil men tuu botaa[20] hai kyaa

सब्ज़ होती ही नहीं ये सरज़मीं
तुख़्म-ए-ख़्वाहिश दिल में तू बोता है क्या

---

1 Recent times	2 Lack of attention/Neglect
3 Face	4 Turned away
5 Delusion/Hallucination	6 Workshop
7 Here	8 Trust/Faith
9 Holy cube-shaped building in Mecca	10 On the verge of death
11 Remoteness of the beloved	12 Returned
13 Place	14 Those who are dead and gone
15 World	16 Caravan/Large company of travollors
17 Verdant/Flourishing	18 Both earth and sky
19 Seed of desire	20 Sow

KHWAAJA MEER DARD b 1721 d 1785

Sair kar[1] duniyaa[2] ki ghaafil[3] zindagaanii[4] phir kahaan
Zindagii gar[5] kuchh rahii[6] to ye javaanii[7] phir kahaan

सैर कर दुनिया की ग़ाफ़िल ज़िंदगानी फ़िर कहाँ
ज़िंदगी गर कुछ रही तो ये जवानी फ़िर कहाँ

Tar-daamanii[8] pe shaikh[9] hamaarii na jaaiyo
Daaman[10] nichod[11] den to farishte[12] vazuu[13] karen

तर-दामनी पे शैख़ हमारी न जइयो
दामन निचोड़ दें तो फ़रिश्ते वज़ू करें

Kabhuu[14] ronaa[15] kabhuu hansnaa[16] kabhuu hairaan[17] ho jaanaa
Mohabbat kyaa bhale-change[18] ko diivaana banaatii hai

कभू रोना कभू हंसना कभू हैरान हो जाना
मोहब्बत क्या भले-चंगे को दीवाना बनाती है

Khul nahiin saktii hain ab aankhen mirii
Jii[19] men ye kis kaa tasavvur[20] aa gayaa

खुल नहीं सकती हैं अब आँखें मिरी
जी में ये किस का तसव्वुर आ गया

---

1 *Roam around/Visit*	2 *World*
3 *Neglectful/Inattentive*	4 *Existence*
5 *If*	6 *Remains*
7 *Youthfulness*	8 *Sinfulness/Guilt*
9 *Religious preacher*	10 *Edge of sari or skirt*
11 *Wring dry*	12 *Angels*
13 *Ablutions before prayer*	14 *Sometimes*
15 *Cry/Weep*	16 *Laugh*
17 *Anxious*	18 *Healthy and well*
19 *Heart*	20 *Imagination/Contemplation*

MEER HASAN b 1717 d 1786

Sadaa[1] aish[1] dauraan[2] dikhaataa[4] nahiin
Gayaa[5] vaqt[6] phir haath aataa[7] nahiin
सदा ऐश दौरान दिखाता नहीं
गया वक़्त फ़िर हाथ आता नहीं

Dostii kis se na thii kis se mujhe pyaar na thaa
Jab bure vaqt[8] pe dekhaa to koii yaar na thaa
दोस्ती किस से न थी किस से मुझे प्यार न था
जब बुरे वक़्त पे देखा तो कोई यार न था

Aasaan[9] na samajhiyo tum nakhvat[10] se paak[11] honaa
Ik umr[12] kho ke ham ne siikhaa[13] hai khaak[14] honaa
आसान न समझियो तुम नख़वत से पाक होना
इक उम्र खो के हम ने सीखा है ख़ाक होना

Aur kuchh tohfa[15] na thaa jo laate ham tere niyaaz[16]
Ek do[17] aansuu[18] the aankhon[19] men so bhar laaen[20] hain ham
और कुछ तोहफ़ा न था जो लाते हम तेरे नियाज़
एक दो आंसू थे आँखों में सो भर लाएँ हैं हम

---

1 Always	2 Comfort/Pleasure
3 During	4 Reveals
5 Past	6 Time
7 Come into one's hands	8 Bad times
9 Easy	10 Pride/Vanity
11 Pure	12 Life
13 Learnt	14 Dust
15 Gift	16 An offering
17 A couple of	18 Tears
19 Eyes	20 Brought filled-in

Jo koii aave1 hai nazdiik[2] hii baithe[3] hai tire
Ham kahaan tak[4] tire pahluu[5] se sarakte[6] jaaven

जो कोई आवे है नज़दीक ही बैठे है तिरे
हम कहाँ तक तिरे पहलू से सरकते जावें

Ghair[7] ko tum na aankh bhar[8] dekho
Kyaa ghazab[9] karte ho idhar[10] dekho

ग़ैर को तुम न आँख भर देखो
क्या ग़ज़ब करते हो इधर देखो

Jaan-o-dil[11] hain udaas[12] se mere
Uth[13] gayaa kaun paas[14] se mere

जाँ-ओ-दिल हैं उदास से मेरे
उठ गया कौन पास से मेरे

Itne aansuu[15] to na the diida-e-tar[16] ke aage
Ab to paanii[17] hii bharaa[18] rahtaa hai ghar[19] ke aage

इतने आंसू तो न थे दीदा-ए-तर के आगे
अब तो पानी ही भरा रहता है घर के आगे

Go[20] bhale[21] sab hain aur main huun buraa[22]
Kyaa bhalon[23] men buraa nahiin hotaa

गो भले सब हैं और मैं हूँ बुरा
क्या भलों में बुरा नहीं होता

1	Comes	2	Close/Near
3	Sits	4	How far
5	Side/Flank	6	Move away
7	Rival/Other	8	Look at
9	Shocking/Outrageous	10	Here/This side
11	Life and heart	12	Sad
13	Rise	14	Close/Near
15	Tears	16	Eyes full of tears
17	Water	18	Filled
19	House/Dwelling	20	Although
21	Good-natured/Nice	22	Bad
23	Those who are good-natured		

Qismat[1] ne duur[2] aisaa hii phenkaa[3] hamen ki ham
Phir jiite-jii[4] pahunch[5] na sake apne yaar tak

क़िस्मत ने दूर ऐसा ही फेंका हमें कि हम
फिर जीते-जी पहुँच न सके अपने यार तक

Kyuun in dinon 'hasan' tuu itnaa jhatak[6] gayaa hai
Zaalim[7] kahiin tiraa dil kyaa phir atak[8] gaaa hai

क्यूँ इन दिनों 'हसन' तू इतना झटक गया है
ज़ालिम कहीं तिरा दिल क्या फ़िर अटक गया है

Tuk[9] dekh len chaman[10] ko chalo laala-zaar[11] tak
Kyaa jaane[12] phir jien[13] na jien ham bahaar[14] tak

टूक देख लें चमन को चलो लाला-ज़ार तक
क्या जाने फ़िर जिएं न जिएं हम बहार तक

Main ne jo kahaa[15] mujh pe kyaa kyaa na sitam[16] guzraa[17]
Bolaa ki abe teraa rote[18] hii janam[19] guzraa

मैं ने जो कहा मुझ पे क्या क्या न सितम गुज़रा
बोला कि अबे तेरा रोते ही जनम गुज़रा

Ishq kaa ab martaba[20] pahunchaa[21] muqaabil[22] husn[23] ke
Ban gae but[24] ham bhii aakhir[25] us sanam[26] kii yaad men

इश्क़ का अब मर्तबा पहुंचा मुक़ाबिल हुस्न के
बन गए बुत हम भी आख़िर उस सनम की याद में

1	Fate/Destiny	2	Far
3	Thrown	4	While living
5	Reach	6	Become thin
7	Oppressor	8	Snagged/Stuck
9	For a while	10	Garden
11	Garden of tulips	12	Who knows
13	Remain alive	14	Springtime
15	Said/Expressed	16	Injustice
17	Transpired	18	Weeping
19	Life	20	Status/Station
21	Reached	22	Matching
23	Beauty	24	Idol
25	Finally/In the end/Ultimately	26	Beloved/Sweetheart

Ham ko bhii dushmanii[1] se tire kaam[2] kuchh nahiin
Tujh ko agar hamaare nahiin pyaar se gharaz[3]

हम को भी दुश्मनी से तिरे काम कुछ नहीं
तुझ को अगर हमारे नहीं प्यार से ग़रज़

Sar[4] ko na phenk[5] apne falak[6] par ghuruur[7] se
Tuu khaak[8] se banaa hai tiraa ghar zamiin[9] hai

सर को न फ़ेंक अपने फ़लक पर गुरूर से
तू ख़ाक से बना है तिरा घर ज़मीन है

Tuu khafaa[10] mujh se ho to ho lekin
Main to tujh se khafaa nahiin hotaa

तू ख़फ़ा मुझ से हो तो हो लेकिन
मैं तो तुझ से ख़फ़ा नहीं होता

Furqat[11] kii shab[12] men aaj kii phir kyaa jalaavenge[13]
Dil[14] kaa diyaa[15] thaa ek so kal hii jalaa[16] diyaa

फुरक़त की शब् में आज की फिर क्या जलावेंगे
दिल का दिया था एक सो कल ही जला दिया

Na gharaz[17] mujh ko hai kaafir[18] se na diin-daar[19] se kaam
Roz-o-shab[20] hai mujhe us kaakul-e-khamdaar[21] se kaam[22]

न ग़रज़ मुझ को है काफ़िर से न दीं-दार से काम
रोज़-ओ-शब् है मुझे उस काकुल-ए-ख़मदार से काम

---

1 Enimity	2 Concern
3 Interest/Concern	4 Head
5 Throw up	6 Sky
7 Pride	4 Dust
9 Earth	10 Displeased/Offended
11 Separation	12 Night
13 Burn	14 Heart
15 Lamp	16 Burn/Light
17 Interest/Concern	18 Infidel
19 Religiou devotee	20 Day and night
21 Curly haired	22 Concern

Is ko ummiid[1] nahiin hai kabhii phir basne[2] ke
Aur viiraanon[3] se is dil kaa hai viiraana judaa[4]

इस को उम्मीद नहीं है कभी फिर बसने के
और वीरानों से इस दिल का है वीराना जुदा

Kar ke bismil[5] na tuu ne phir dekhaa
Bas isii gham[6] men jaan[7] dii ham ne

कर के बिस्मिल न तू ने फिर देखा
बस इसी ग़म में जान दी हम ने

Lagaayaa[8] mohabbat kaa jab yaan[9] shajar[10]
Shajar lag gayaa aur samar[11] jal[12] gayaa

लगाया मोहब्बत का जब यान शजर
शजर लग गया और समर जल गया

Tuu rahaa[13] dil men dil rahaa tujh men
Tis[14] pe teraa milaap[15] ho na sakaa

तू रहा दिल में दिल रहा तुझ में
तिस पे तेरा मिलाप हो न सका

Hai yahii shauq[16] shahaadat[17] kaa agar dil[18] men to ishq[19]
Le hii pahunchegaa[20] hamen bhii tirii shamshiir[21] talak

है यही शौक़ शहादत का अगर दिल में तो इश्क़
ले ही पहुंचेगा हमें भी तिरी शमशीर तलक

1	Hope/Expectation	2	Be inhabited
3	Deserted places/Wastelands	4	Distinct/Different
5	Slaughtered/Afflicted by love	6	Grief
7	Life	8	Planted
9	Here	10	Tree
11	Fruit	12	Burn
13	Stay/Live	14	Despite (this)
15	Meeting	16	Yearning/Deep longing
17	Martyrdom	18	Heart
19	Romatic love	20	Bring
21	Sword		

Main ne paayaa[1] na ise shahr[2] men na sahraa[3] men
Tuu ne le jaa ke[4] mire dil ko kahaan[5] chhod[6] diyaa
मैं ने पाया न इसे शहर में न सहरा में
तू ने ले जा के मिरे दिल को कहाँ छोड़ दिया

Bas-gayaa[7] jab se yaar aankhon men[8]
Tab se phuulii[9] bahaar[10] aankhon men
बस गया जब से यार आँखों में
तब से फूली बहार आँखों में

Mohabbat kaa rasta[11] ajab garm[12] thaa
Qadam[13] jab dharaa[14] khaak[15] par jal[16] gayaa
मोहब्बत का रस्ता अजब गर्म था
क़दम जब धरा ख़ाक पर जल गया

Dard[17] kartaa hai tap-e-ishq[18] kii shiddat[19] se miraa
Sar judaa[20] siina[21] judaa qalb[22] judaa shaana[23] judaa
दर्द करता है तप-ए-इश्क़ की शिद्दत से मिरा
सर जुदा सीना जुदा क़ल्ब जुदा शाना जुदा

Us shokh[24] ke jaane[25] se ajab haal[26] hai meraa
Jaise koii bhuule hue[27] phirtaa[28] hai kuchh apnaa
उस शोख़ के जाने से अजब हाल है मेरा
जैसे कोई भूले हुए फिरता है कुछ अपना

1	Found	2	City
3	Desert	4	Took
5	Where	6	Abandon
7	Settled down	8	In the eyes
9	Bloomed	10	Spring
11	Path/Route	12	Amazingly hot
13	Step	14	Placed
15	Dust	16	Burnt
17	Pain/Ache	18	Passion (or heat) of love
19	Intensity	20	Separate
21	Heart	22	Torso
23	Shoulder	24	Playful lover
25	Departure	26	Strange state or condition
27	Having lost	28	Roams around

MOHAMMAD RAFI SAUDA b 1713 d 1781

Jab yaar ne uthaa[1] kar zulfon[2] ke baal baandhe[3]
Tab main ne apne dil men laakhon[4] khayaal[5] baandhe

जब यार ने उठा कर ज़ुल्फ़ों के बाल बांधे
तब मैं ने अपने दिल में लाखों ख़याल बांधे

Fikr-e-maaash[6] ishq-e-butaan[7] yaad-e-raftagaan[8]
Is zindagii men ab koi kyaa kyaa kiyaa kare

फ़िक्र-ए-मआश इश्क़-ए-बुताँ याद-ए-रफ़्तगान
इस ज़िंदगी में अब कोई क्या क्या किया करे

Na kar 'saudaa' tuu shikva[9] ham se dil kii be-qaraarii[10] kaa
Mohabbat kis ko detii hai miyaan aaraam[11] duniyaa[12] men

न कर 'सौदा' तू शिकवा हम से दिल की बे-क़रारी का
मोहब्बत किस को देती है मियाँ आराम दुनिया में

Gila[13] likhuun[14] main agar terii bevafaaii[15] kaa
Lahuu[16] men gharq[17] safiina[18] ho aashnaaii[19] kaa

गिला लिखूँ मैं अगर तेरी बेवफ़ाई का
लहू में ग़र्क़ सफीना हो आशनाई का

1	Raise	2	Tresses
3	Tied	4	Lakhs
5	Thoughts	6	Worry about livelihood
7	Love of the beloved	8	Memories of those who have died
9	Complaint	10	Restlessness
11	Comfort	12	World
13	Complaint	14	Write
15	Unfaithfulness	16	Blood
17	Drown	18	Boat
19	Friendship/Affair		

Saaqii[1] gaii[2] bahaar[3] rahii dil men ye havas[2]
Tuu minnaton[5] se jaam[6] de aur main kahuun ki bas[7]

साक़ी गई बहार रही दिल में ये हवस
तू मिन्नतों से जाम दे और मैं कहूँ कि बस

Tiraa khat[8] aane se dil ko mere aaraam[9] kyaa hogaa
Khudaa jaane ki is aaghaaz[10] kaa anjaam[11] kyaa hogaa

तिरा ख़त आने से दिल को मेरे आराम क्या होगा
ख़ुदा जाने कि इस आग़ाज़ का अंजाम क्या होगा

Samjhe[12] the ham jo dost tujhe ai miyaan[13] ghalat[14]
Teraa nahiin hai jurm[15] hamaaraa gumaan[16] ghalat

समझे थे हम जो दोस्त तुझे ऐ मियाँ ग़लत
तेरा नहीं है जुर्म हमारा गुमाँ ग़लत

'Saudaa' khudaa ke vaaste[17] kar qissa[18] mukhtasar[19]
Apnii to niind ud gaii[20] tere fasaane[21] men

'सौदा' ख़ुदा के वास्ते कर क़िस्सा मुख़्तसर
अपनी तो नींद उड़ गई तेरे फ़साने में

Ve suuraten[22] ilaahii[23] kis mulk[24] bastiyaan[25] hain
Ab dekhne ko[26] jin ke aankhen[27] tarastiyaan[28] hain

वे सूरतें इलाही किस मुल्क बस्तियां हैं
अब देखने को जिन के आँखें तरसतियाँ हैं

1	One who serves wine/Sweetheart	2	Went past
3	Spring	4	Extreme desire/Lust
5	Make earnest entreaty	6	Wine
7	Enough	8	Letter
9	Comfort	10	Initiation
11	Consequence/Conclusion	12	Surmised
13	Bro	14	Wrong
15	Crime	16	Presumption/Conjecture
17	For God's sake	18	Tale/Story
19	Brief/Concise	20	Sleep disappeared
21	Story	22	Faces/Figures/Beauties
23	My God	24	Country
25	Resident	26	To see
27	Eyes	28	Crave/Yearn

Na jiyaa[1] terii chashm[1] kaa maaraa[3]
Na tirii zulf[4] kaa bandhaa[5] chhuutaa[6]

न जिया तेरी चश्म का मारा
न तिरी ज़ुल्फ़ का बंधा छूटा

'Saudaa' hue jab aashiq[7] kyaa paas aabruu[8] kaa
Suntaa hai ai divaane[9] jab dil diyaa[10] to phir kyaa

'सौदा' हुए जब आशिक़ क्या पास आबरू का
सुनता है ऐ दीवाने जब दिल दिया तो फिर क्या

Kahiyo sabaa[11] salaam hamaaraa bahaar[12] se
Ham to chaman[13] ko chhod ke suu-e-qafas[14] chale

कहियो सबा सलाम हमारा बहार से
हम तो चमन को छोड़ के सू-ए-क़फ़स चले

Yaaro vo sharm[15] se jo na bolaa[16] to kyaa huaa
Aankhon[17] men sau[18] tarah[19] kii hikaayaat[20] ho gaii

यारो वो शर्म से जो न बोला तो क्या हुआ
आँखों में सौ तरह की हिकायत हो गई

Kis munh se[21] phir[22] tuu aap ko[23] kahtaa[24] hai ishq-baaz[25]
Ai ruu-siyaah[26] tujh se to ye bhii na ho sakaa

किस मुंह से फिर तू आप को कहता है इश्क़-बाज़
ऐ रू-सियाह तुझ से तो ये भी न हो सका

1	Survived	2	Eyes
3	Deprived	4	Tresses of hair
5	Tied	6	Liberated
7	Infatuated lover	8	Reputation
9	Crazy lover	10	Gave
11	Easterly wind	12	Spring
13	Garden	14	Towards the cage
15	Shyness	16	Spoke
17	Eyes	18	Hundred
19	Types	20	Narratives/Stories
21	How do you have the courage	22	Then
23	Yourself	24	Call/Describe
25	Philanderer/Womanizer	26	Face blackened (with shame)

SHAIKH ZAHURUDDIN HATIM b 1699 d 1783

Muddat[1] se khvaab[2] men bhii nahiin niind[3] kaa khayaal[4]
Hairaan[5] men huun ye kis kaa mujhe intizaar[6] hai

मुद्दत से ख़्वाब में भी नहीं नींद का ख़याल
हैरान मैं हूँ ये किस का मुझे इन्तिज़ार है

Kapde[7] safed[8] dho ke jo pahne[9] to kyaa huaa
Dhonaa[10] vahii jo dil[11] kii siyaahii[12] ko dhoiye

कपड़े सफ़ेद धो के जो पहने तो क्या हुआ
धोना वही जो दिल की सियाही को धोइये

Tanhaaii[13] se aatii nahiin din raat mujhe niind
Yaa-rab[14] miraa ham-khvaab[15] o ham-aaghosh[16] kahaan hai

तन्हाई से आती नहीं दिन रात मुझे नींद
या-रब मिरा हम-ख़्वाब ओ हम-आग़ोश कहाँ है

Aisaa karuungaa ab ke garebaan[17] ko taar taar[18]
Jo phir kisii tarah[19] se kisii se rafuu[20] na ho

ऐसा करूँगा अब के गरेबान को तार तार
जो फ़िर किसी तरह से किसी से रफ़ू न हो

1	Long time	2	Dream
3	Sleep	4	Thought
5	Amazed	6	Wait in anticipation
7	Clothes	8	White
9	Wore (clothes)	10	Washing
11	Heart/Soul	12	Black stain
13	Loneliness	14	Oh God!
15	Sharing the same bed	16	Locked in each other's embrace
17	Collar	18	In shreds
19	Manner	20	Darn

Kabhuu[1] biimaar[2] sun kar vo ayaadat[3] ko to aataa thaa
Hamen apne bhale[4] hone se vo aazaar[5] behtar[6] thaa

कभू बीमार सुन कर वो अयादत को तो आता था
हमें अपने भले होने से वो आज़ार बेहतर था

Muhayyaa[7] sab hai ab asbaab-e-holii[8]
Utho yaaro bharo rangon se jholii[9]

मुहैया सब है अब असबाब-ए-होली
उठो यारो भरो रंगों से झोली

Suno hinduu musalmaano ki faiz-e-ishq[10] se 'haatim'
Huaa aazaad[11] qaid-e-mazhab-o-mashrab[12] se ab faarigh[13]

सुनो हिन्दू मुसलमानो कि फैज़-ए-इश्क़ से 'हातिम '
हुआ आज़ाद क़ैद-ए-मज़हब-ओ-मशरब से अब फ़ारिग़

Tire rukhsaar[14] se be-tarah[15] liptii jaae[16] hai zaalim[17]
Ko kuchh kahiye to bal khaa[18] uljhatii[19] hai zulf be-dhangii[20]

तिरे रुख़्सार से बे-तरह लिपटी जाए है ज़ालिम
को कुछ कहिये तो बल खा उलझती है ज़ुल्फ़ बे-ढंगी

Phadkuun[21] to sar phate[22] hai na phadkuun to jii ghate[23]
Tang[24] is qadar[25] diyaa mujhe sayyaad[26] ne qafas[27]

फड़कूं तो सर फटे है न फड़कूं तो जी घटे
तंग इस क़दर दिया मुझे सय्याद ने क़फ़स

1	Sometimes	2	Sick/Ill
3	Visiting the sick	4	Well
5	Illness	6	Preferable
7	Available	8	Resources for playing Holi
9	Bag/Sack	10	Beneficence of love
11	Free/Liberated	12	Imprisonment by doctrine & religion
13	Free/Contented	14	Face
15	Badly	16	Clinging
17	Tyrant/Beloved	18	Twists
19	Tangles	20	Inappropriately
21	Flutter	22	Head splits
23	Heart shrinks	24	Confined
25	Extent	26	Hunter/One who captivates
27	Cage		

MAZHAR MIRZA JAAN-E-JAANAAN
b 1699 d 1781

Khudaa ke vaaste[1] is ko na toko[2]
Yahii ik shahr[3] men qaatil[4] rahaa hai

ख़ुदा के वास्ते इस को न टोको
यही इक शहर में क़ातिल रहा है

Ye hasrat[5] rah gaii kyaa kyaa maze[6] se zindagii[7] karte
Agar[8] hotaa chaman[9] apnaa gul[10] apnaa baaghbaan[11] apnaa

ये हसरत रह गई क्या क्या मज़े से ज़िंदगी करते
अगर होता चमन अपना गुल अपना बाग़बान अपना

Rusvaa[12] agar na karnaa thaa aalam[13] men yuun mujhe
Aisii nigaah-e-naaz[14] se dekhaa thaa kyuun mujhe

रुसवा अगर न करना था आलम में यूं मुझे
ऐसी निगाह-ए-नाज़ से देखा था क्यूँ मुझे

Itnii fursat[15] de ki rukhsat[16] ho len ai sayyaad[17] ham
Muddaton[18] is baagh ke saaye[19] men the aazaad[20] ham

इतनी फ़ुर्सत दे कि रुख़्सत हो लें ऐ सय्याद हम
मुद्दतों इस बाग़ के साये में थे आज़ाद हम

---

1 For the sake of	2 Interrupt/Challenge
3 City	4 Assassin/Sweetheart
5 Unfulfilled desire	6 Fun
7 Life	8 If
9 Garden	10 Flower
11 Gardener	12 Disgraced
13 World	14 Alluring look
15 Spare time	16 Leave/Depart
17 Hunter/One who captivates	18 For a long time
19 In the shadows of the garden	20 Free/Liberated

ABROO SHAH MUBARAK b 1685 d 1733

Qaul[1] 'abroo' kaa thaa ki na jaauungaa[2] us galii[3]
Ho kar ke be-qaraar[4] dekho aaj phir gayaa

क़ौल 'अबरू' का था कि न जाऊँगा उस गली
हो कर के बे-क़रार देखो आज फ़िर गया

Afsos[5] hai ki bakht[6] hamaaraa ulat gayaa[7]
Aataa to thaa pe dekh ke ham kuun[8] palat[9] gayaa

अफ़सोस है कि बख़्त हमारा उलट गया
आता तो था पे देख के हम कूँ पलट गया

Bosaan[10] labaan[11] siin[12] dene kahaa kah ke phir gayaa[13]
Pyaala[14] bharaa sharaab ka afsos[15] gir gayaa

बोसां लबां सीन देने कहा कह के फ़िर गया
प्याला भरा शराब का अफ़सोस गिर गया

Yuun 'abroo' banaave[16] dil men hazaar baaten[17]
Jab ruu-ba-ruu[18] ho tere guftaar[19] bhuul[20] jaave

यूं 'अबरू' बनावे दिल में हज़ार बातें
जब रू-ब-रू हो तेरे गुफ़्तार भूल जावे

---

1 Vow or promise	2 Will go
3 Lane	4 Restless
5 Regret	6 Fortune or luck
7 Overturned	8 Me
9 Turn back	10 Kisses
11 Lips	12 With
13 Back out/Renege	14 Glass/Bowl
15 Regret	16 Makes
17 Lots of flattering/flowery talk	18 Face to face
19 Speech	20 Forgets

WALI MOHAMMAD WALI b 1667 d 1707

Dil-e-ushshaaq[1] kyuun na ho raushan[2]
Jab khayaal-e-sanam[3] charaagh[4] huaa
दिल-ए-उश्शाक़ क्यूँ न हो रौशन
जब ख़याल-ए-सनम चराग़ हुआ

Chaahtaa[5] hai is jahaan[6] men gar bahisht[7]
Jaa tamaashaa[8] dekh us rukhsaar[9] kaa
चाहता है इस जहां में गर बहिश्त
जा तमाशा देख उस रुख़्सार का

Khuub-ruu[10] khuub[11] kaam[12] karte hain
Yak[13] nigaah[14] men ghulaam[15] karte hain
ख़ूब-रू ख़ूब काम करते हैं
यक निगाह में गुलाम करते हैं

Aarzuu-e-chashma-e-kausar[16] naiin[17]
Tishna-lab[18] huun sharbat-e-diidaar[19] kaa
आर्ज़ू-ए-चश्मा-ए-कौसर नई
तिश्ना-लब हूँ शर्बत-ए-दीदार का

---

1 Heart of lovers	2 Brightly lit
3 Thought of the beloved	4 Get lit
5 Desire/Want	6 World
7 Heaven	8 Spectacle
9 Face	10 Pretty ones
11 A lot	12 Work
13 One	14 Glance/Look
15 Slave	16 Desire for spring of heaven
17 No/Not	18 Thirsty lips
19 Sight of beloved like a sweet drink	

www.ingramcontent.com/pod-product-compliance
Ingram Content Group UK Ltd.
Pitfield, Milton Keynes, MK11 3LW, UK
UKHW041636201025
8490UKWH00042B/338